연세 한국어 3-1

연세대학교 한국어학당 편

연세대학교 대학출판문화원

연세 한국어 3-1 (일본어판)

편저자 연세대학교 한국어학당 교재편찬위원회
집필진 정희정 • 한상미 • 박혜란 • 유연희
발행 연세대학교 대학출판문화원

주 소 서울시 서대문구 연세로 50
전 화 02) 2123-3380~2
팩 스 02) 2123-8673
ysup@yonsei.ac.kr
http://www.yonsei.ac.kr/press
등 록 1955년 10월 13일 제9-60호
인 쇄 네오프린텍(주)
본 문 더그라프
삽 화 디투웍스
녹 음 (주)반도음반
성 우 곽윤상 • 윤미나 • 전광주 • 홍소영

2013년 3월 5일 1판 1쇄 2016년 10월 17일 1판 3쇄
ISBN 978-89-97578-86-3(08710)
ISBN 978-89-97578-85-6(08710) (세트)

값 20,000원 (CD포함)

はじめに

韓国内で最高の名声を誇り、韓国語教育50年の伝統を受け継いできた延世大学校言語研究教育院韓国語学堂では、韓国語教育の質を高めるために、その間、多くの教材を編纂してきた。最近、韓国と韓国文化に対する関心が世界の人々の間で高まり、韓国語を学ぼうとする海外の同胞と外国人が増え、韓国語教材に対する学習者の要求も多様になってきた。このたび延世大学校言語研究教育院韓国語学堂では、そういった多様な学習者たちを対象に、韓国文化を学ぶことができる、新しい教材を刊行することになった。

延世大学校言語研究教育院韓国語学堂から刊行されるこの教材は、初級学習者のための 『延世韓国語1』と『延世韓国語2』、中級学習者のための『延世韓国語3』と『延世韓国語4』、上級学習者のための『延世韓国語5』と『延世韓国語6』の全6巻からなっている。各教材は、学習者の韓国語の能力に応じて必要な、様々なパターンのコミュニケーション機能を集中的に向上させることができるよう構成されている。

『延世韓国語』は、韓国語学習において、段階別に求められる内容を主題にした対話で構成されており、語彙と文法の集中的な練習だけでなく、話す、聞く、書く、読む能力をバランスよく向上させることができるよう、バラエティーにとんだ課題と活動で構成された統合型教材である。また、学習者が興味を持てるテーマと場面を土台に、様々なコミュニケーション機能を遂行しながら、学習者が中心になって韓国語が学べるよう配慮した。

『延世韓国語』が、延世大学校言語研究教育院韓国語学堂で勉強する学生だけでなく、韓国語を正確に理解し、使いこなそうとしているすべての韓国語学習者の手助けになることを願う次第である。

延世大学校 言語研究教育院
韓国語学堂 教材編纂委員会

일러두기

- '연세 한국어 3'은 한국어를 배우려는 외국인과 교포 성인 학습자를 위한 중급 단계의 책으로 내용은 총 10개의 과로 이루어져 있으며, 각 과는 5개의 항으로 이루어져 있다. '연세 한국어 3'은 중급 수준의 한국어 숙달도를 지닌 학습자가 꼭 알아야 할 주제를 중심으로 구성되었으며 이와 함께 필수적인 어휘와 문법, 문화와 사고방식을 소개함으로써 한국에 대한 이해를 넓히고자 하였다.

- 각 과의 앞에는 해당 과의 제목 아래에 각 항의 제목과 과제, 어휘, 문법, 문화를 제시하여 각 과에서 다룰 내용을 한 눈에 알아보기 쉽게 하였다. 그리고 매 과의 마지막 항은 복습 항으로, 그 과에서 다룬 내용을 종합적으로 복습할 수 있도록 하였다. 문화 부분은 각 과의 주제와 관련된 내용을 선정하여 다루었다.

- 각 과의 제목은 주제에 해당하는 명사로 제시하였으며, 각 항의 제목은 본문 대화 부분에 나오는 중요 문장으로 제시하였다.

- 각 항은 제목, 학습 목표, 삽화와 도입 질문, 본문 대화, 어휘, 문법 연습, 과제, 대화 번역문, 그리고 문법 설명의 순서로 구성되어 있다.

- 학습 목표에는 학습자들이 학습해야 할 의사소통적 과제와 어휘, 문법을 제시하였다.

- 도입 질문은 주제와 기능을 쉽게 이해할 수 있는 삽화와 함께 제시하여 학습자로 하여금 주제와 과제에 대한 흥미와 호기심을 가질 수 있도록 하였다.

- 본문 대화는 각 과의 주제와 관련된 가장 전형적이고 대표적인 대화 상황을 8명의 주요 인물의 일상생활을 중심으로 설정하고자 하였으며 각각 3개의 대화 쌍으로 구성하였다.

- 어휘는 각 과의 주제나 기능과 관련된 어휘 목록을 선정하여 제시하고 연습 문제를 통해 확인하도록 하였으며, 과제에 나오는 새 단어는 과제 밑에 번역을 붙였다. '한국어3'에서 새로 다룬 단어는 약 900여개이다.

- 문법 연습은 각 과에서 다루어야 할 핵심 문법 사항을 각 항마다 2개씩 추출하여 연습 문제의 형태로 제시하였다. 그리고 문법 설명 부분에서 해당 문법에 대해 학습자의 모국어로 설명하고 각각의 예문을 제시하였다.

- 과제는 학습 목표에서 제시한 의사소통 기능에 부합되는 것으로 각 항마다 2개를 제시하였다. 특히 과제 1은 각 항에서 다룬 주요 문법을 활용한 단순 활동으로, 과제 2는 각 항의 핵심 기능을 종합적으로 수행하는 통합 활동으로 구성하였다. 과제에서는 말하기, 듣기, 읽기, 쓰기의 네 기능을 적절히 제시하였다.

- 각 항의 마지막 부분에는 대화 번역문과 문법 설명을 제시하였다.

- 문화는 각 과의 끝 부분에 실었는데 각 과의 주제와 관련된 한국 문화를 학습자의 눈높이에 맞추어 쉽게 설명하는 방식으로 기술하였다. 또 자기 나라의 문화와 비교해 보거나 자신의 경우를 말하게 하는 등 비교문화적인 관점을 바탕으로 언어 학습 활동과 연계하도록 구성하여 그 내용이 문화적 지식에 그치지 않고 한국어 능력과 통합적으로 학습될 수 있도록 하였다.

- 색인에서는 각 과에서 다룬 문법과 어휘를 가나다 순으로 정리하였으며 해당 본문의 과와 항을 함께 제시하였다.

凡例

- 『延世韓国語3』は、韓国語を学ぼうとする成人の在外同胞と外国人のための中級レベルの教科書で、内容は全部で10課、各課は5つの項からなっている。『延世韓国語3』は、中級レベルの韓国語学習者が必ずマスターしておかなければならないテーマを中心に、必須の語彙と文法、文化と思考パターンの紹介を通じて、韓国についての理解を深めてもらえるように構成した。

- 各課の冒頭には、その課のタイトルの下に、各項のタイトルと「課題」、「語彙」、「文法」、「文化」を提示し、各課で扱う内容が一目でわかるようにした。また、各課の最後の「復習」では、その課で扱った内容の総復習ができるように構成した。「文化」は各課のテーマにちなんだものを選んだ。

- 各課のタイトルは、その課で学ぶテーマを表しており、各項のタイトルは、本文の対話に出てくる重要な文章で示した。

- 各項は、「タイトル」、「学習目標」、「イラストと導入質問」、「本文対話」、「語彙」、「文法練習」、「課題」、「対話の翻訳」、そして「文法説明」の順で構成されている。

- 「学習目標」では、学習者がマスターしなければならないコミュニケーションの課題と語彙、文法を示した。

- 「導入質問」では、テーマと機能がやさしく理解できるようイラストを示し、学習者がテーマと機能についての興味と好奇心が持てるようにした。

- 「本文対話」は、各課のテーマに関連した、もっとも典型的で代表的なシチュエーションを、8人の主要登場人物の日常生活を中心に設定し、それぞれ３つのペアの対話で構成した。

- 「語彙」は、各課のテーマや機能と関連した語彙目録を選び、練習問題を通じて確認できるようにし、課題に出てくる新しい単語は、課題の終りに訳語をつけた。『韓国語3』で新たに取り上げた単語は約900個である。

- 「文法練習」は、各課で扱わなければならない重要文法事項を、各項ごとに2つずつ取り上げ、練習問題の形式で出題した。また、「文法説明」では、その項の文法を学習者の母語で説明し、それぞれに例文をつけた。

- 「課題」は、学習目標で提示したコミュニケーション機能と一致するものを、各項ごとに2個ずつ示した。課題1は、各項で扱った重要文法を活用した単純活動、課題2は、各項の重要機能を総合的に遂行する統合活動で構成した。課題では、話す、聞く、読む、書くの４つの機能を適切に配した。

- 各項の最後の部分には、「対話の翻訳」と、「文法説明」をつけた。

- 「文化」は、各課の最後に載せたが、各課のテーマと関連した韓国文化を、学習者のレベルに合わせてわかりやすく解説した。また、自国の文化と比べてみたり、自分の場合について話せるようにするなど、比較文化的観点を基礎にして、言語学習と関連づけられるよう構成、そして、その内容を文化的知識にとどまらず、韓国語能力と統合させて学べるようにした。

- 索引では、各課で扱った文法と語彙をカナダラ順にまとめ、該当する本文の課と項を一緒に示した。

차례

3-1

3-2

目次

3-1

3-2

내용 구성

	제목	소제목	과제	어휘	문법	문화
01	취미 생활	취미가 뭐예요?	취미에 대해 말하기	취미 관련 어휘	-던데요 -네요	한국인의 여가 활동
		가끔 풍경화도 그리고요	취미 활동 설명하기	취미 활동 관련 어휘	-는 편이다 -고요	
		어떤 동아리에 들 거야?	취미 동아리 소개하기	동아리 관련 어휘	-는데도 -기만 하다	
		등산을 제일 많이 한대요	여가 생활 조사하기	여가 활동 관련 어휘	-자마자 -는대요	
02	일상 생활	앞집에 이사 온 리에라고 합니다	인사하기	인사 관련 어휘	-으려던 참이다 -을 텐데	이사 떡
		짧게 잘라 주세요	편의 시설 이용하기	편의 시설 이용 관련 어휘	-거든요 -고 말고요	
		광고를 보고 왔는데요	아르바이트 구하기	취업 관련 어휘	-었었- -던데	
		전화가 걸리지 않아요	수리 요청하기	고장 및 수리 관련 어휘	피동 -어 놓다	
03	건강	건강해야 뭐든지 할 수 있어요	건강에 대한 관심 이야기하기	건강 관련 어휘	-어야 -는다면	한국인의 건강식
		건강을 유지하려면 노력을 해야지요	건강을 위한 운동 소개하기	운동 관련 어휘	-어야지요 사동	
		김치라든가 된장 같은 음식은 대표적인 건강식이죠	건강식 조사하기	음식 관련 어휘	이라든가 -는다고 하던데	
		과식을 안 하는 것도 중요하답니다	건강을 위한 생활 습관 조사하기	생활 습관 관련 어휘	-는다고 보다 -는답니다	
04	공연과 감상	표를 사는 대신에 저녁을 사 주세요	공연 안내하기	공연 관련 어휘	만 못하다 -는 대신에	사물놀이
		춘향전을 보자고 해서 예매하려고요	공연 예매하기	예매 관련 어휘	-는다고 해서 -고서	
		마지막 장면이 인상적이었어요	관람 소감 이야기하기	공연 감상 관련 어휘	-을 뿐만 아니라 -어야지	
		정말 볼 만하던데요	공연 추천하기	추천 관련 어휘	-을 만하다 -을걸요	
05	사람	친구가 어제 뉴스에 나오던데요	친구 소개하기	능력 관련 어휘	-는 모양이다 -을 뿐이다	세종대왕
		좋은 하숙집 아주머니를 만나셨네요	한국인의 특성 이야기하기	성격 관련 어휘	-는다면서요? -만하다	
		큰 돈을 기부하기란 쉬운 일이 아닌데	미담 소개하기	경제 생활 관련 어휘	-기란 -었던 것 같다	
		선생님 같은 사람이 되고 싶어요	인터뷰하기	직종 관련 어휘	-었을 텐데 -거든	

	제목	소제목	과제	어휘	문법	문화
06	모임 문화	할머니께 인사부터 드리고요	가족 행사 참여하기	가족 행사 관련 어휘	-어다가 이라도	모임 문화
		너한테 안부 전해 달래	안부 전하기	안부 관련 어휘	-더라 -다니요?	
		신입생 환영회가 있는데 오실 수 있지요?	환영 모임에 초대하기	신입생 환영 모임 관련 어휘	-고 나서 -지	
		간단하게 차나 마시지요	회식 모임에 참석하기	직장 생활 모임 관련 어휘	-는다니까 -지요	
07	실수와 사과	숙제를 낸다는 것이 일기장을 냈어요	실수에 대해 이야기하기	실수 관련 어휘	-는다는 것이 -을까 봐	문화 충격과 실수
		하숙집 친구들은 가족 같은 사이잖아요	문화 충격 경험 이야기하기	한국 생활 예절 관련 어휘	-어 버리다 -잖아요	
		오히려 제가 미안한데요	사과하기	사과 관련 어휘	-고 해서 -지 그래요?	
		다른 방법으로 미안함을 표현하기도 해요	사과 경험 이야기하기	이해 관련 어휘	-고도 -단 말이에요?	
08	학교 생활	같이 의논해 보도록 하자	야유회 계획하기	야유회 관련 어휘	-으면서도 -도록 하다	한국의 학교
		우리 언어 교환 할까요?	언어 교환 일정 짜기	언어 교환 관련 어휘	어찌나 -는지 -고 말다	
		친한 친구한테는 말할지도 모르잖아요	고민 말하기	고민 · 걱정 관련 어휘	-고는 -을지도 모르다	
		한국 대학교에 입학하고 싶은데요	상담하기	상담 관련 어휘	-으면 되다 -이라서	
09	부탁과 거절	미안하지만 음료수 좀 부탁해도 될까?	부탁하기 Ⅰ	부탁 관련 어휘 1	-기는요 -느라고	언어 예절
		사진 좀 찍어 주실 수 있으세요?	부탁하기 Ⅱ	부탁 관련 어휘 2	담화 표지 -게	
		어떻게 하지요? 어려울 것 같은데요	거절하기 Ⅰ	거절 관련 어휘 1	-다니 -게 하다	
		좀 곤란할 것 같은데요	거절하기 Ⅱ	거절 관련 어휘 2	-는다지요? -을 건가요?	
10	어제와 오늘	영화를 보러 가곤 했어요	과거 회상하기	시간 관련 어휘	-다가도 -곤 하다	한강의 과거와 현재
		10년 전에는 어땠는데요?	현재와 과거 비교하기	비교 관련 어휘	전만 해도 -는다고 할 수 있다	
		한국에 오지 않았다면 어땠을까요?	가정 표현하기	추측 관련 어휘	-었다면 -었을 것이다	
		집안일은 물론 아이를 돌보기까지 한대요	미래 예측하기	미래 생활 관련 어휘	-듯이 은 물론	

内容構成

	タイトル	サブタイトル	學習目標	語彙	文法	文化
01	趣味生活	趣味は何ですか	趣味について語る	趣味に関連する語彙	-던데요 -네요	韓国人の余暇活動
		時々風景画も描きますし	趣味活動について説明する	趣味活動に関連する語彙	-는 편이다 -고요	
		どんなサークルの入るつもりですか	趣味のサークルを紹介する	サークルに関連する語彙	-는데도 -기만 하다	
		登山を一番よくするんですって	余暇生活について調べる	余暇活動に関連する語彙	-자마자 -는대요	
02	日常生活	向かいの家に引っ越してきたりえといいます	引っ越しをする	引っ越しに関連する語彙	-으려던 참이다 -을 텐데	引っ越し祝いの餅を配る
		短く切ってください	生活に必要なさまざまな施設を利用する	生活に必要な施設の利用に関連する語彙	-거든요 -고 말고요.	
		広告を見て来たんですが	アルバイトを探す	就職・就業に関連する語彙	-었었- -던데	
		電話がかかりません	修理を頼む	故障および修理に関連する語彙	피동 -어 놓다	
03	健康	健康であってこそ何でもできます	健康についての関心を語る	健康に関連する語彙	-어야 -는다면	韓国人の健康食
		健康を維持しようとするのなら、努力しなければなりません	健康のための運動を紹介する	運動に関連する語彙	-어야지요 사동	
		キムチとかテンジャンのような食べ物が代表的な健康食です	健康食を調べる	食べ物に関連する語彙	이라든가 -는다고 하던데	
		食べ過ぎをしないことも重要です.	健康のための生活習慣を調べる	生活習慣に関連する語彙	-는다고 보다 -는답니다	
04	公演と鑑賞	私がチケットを買う代わりに夕食をおごってください	演劇・音楽・舞踊などの公演を案内する	公演に関連する語彙	만 못하다 -는 대신에	サムルノリ
		『春香伝』を見ようというので、前売りチケットを予約しようと思って	公演の前売りチケットを予約する	前売りチケット予約に関連する語彙	-는다고 해서 -고서	
		最後の場面が印象的でした	公演観覧の感想を語る	公演の鑑賞に関連する語彙	-을 뿐만 아니라 -어야지	
		本当に見ごたえがありましたね	公演の観覧をすすめる	人に何かをすすめることに関連する語彙	-을 만하다 -을걸요	
05	人	友達が昨日、ニュースに出ていましたよ	友達を紹介する	能力に関連する語彙	-는 모양이다 -을 뿐이다	セジョン大王
		いい下宿のおばさんに会いましたね	韓国人の特性について語る	性格に関する語彙	-는다면서요? -만하다	
		大金を寄付することって、簡単なことじゃないのに	美談を紹介する	経済生活に関連する語彙	-기란 -었던 것 같다	
		先生のような人になりたいです	インタビューをする	職種に関連する語彙	-었을 텐데 -거든	

	タイトル	サブタイトル	學習目標	語彙	文法	文化
06	「モイム」の文化r	まず、お祖母さんに挨拶します	家族同士の集まりに参加する	家族同士の集まりに関連する語彙	-어다가 이라도	「モイム」(家族同士の集まり・同窓会・歓迎会・会食など)の文化
		おまえによろしくと伝えてくれって	近況を伝える	近況を伝えることに関連する語彙	-더라 -다니요?	
		新入生歓迎会があるんですが、来られますよね	歓迎会に招待する	新入生歓迎会に関連する語彙	-고 나서 -지	
		簡単にお茶でも飲みましょう	会食に参席する	職場における集まりに関連した語彙	-는다니까 -지요	
07	ミスと謝罪	宿題を出すところを、日記帳を出してしまいました	自分のミスについて語る	ミス・失敗に関連する語彙	-는다는 것이 -을까 봐	カルチャーショックとミス
		下宿の友達は家族のような間柄じゃないですか	カルチャーショックの経験を語る	韓国の生活における礼節に関連する語彙	-어 버리다 -잖아요	
		むしろ私の方が申し訳ないです	あやまる	謝罪に関連する語彙1	-고 해서 -지 그래요?	
		他の方法で謝罪の気持を表わしたりもします	謝罪の経験を語る	相手の立場を理解することに関連する語彙	-고도 -는단 말이에요?	
08	学校生活	一緒に話し合ってみることにしよう	ピクニックの計画を立てる	ピクニックに関連する語彙	-으면서도 -도록 하다	韓国の学校
		私たち、ランゲージ・エクスチェンジしましょうか	ランゲージ・エクスチェンジの日程を決める	彙ランゲージ・エクスチェンジに関連する語彙	어찌나 -는지 -고 말다	
		親しい友達には言うかもしれないじゃないですか	悩みを語る	悩みや心配事に関する語彙	-고는 -을지도 모르다.	
		韓国大学に入学したいのですが	相談する	相談に関連する語彙	-으면 되다 -이라서	
09	依頼と拒絶	すまないけど、ジュースちょっと頼んでいいかな	頼みごとをする Ⅰ	頼みごとに関連する語彙 1	-기는요 -느라고	言葉のマナー
		あのう、写真をちょっと撮っていただけますか	頼みごとをするⅡ	頼みごとに関連する語彙 2	담화 표지 -게	
		どうしましょう。難しそうなんですが	断るⅠ	断ることに関連する語彙 1	-다니 -게 하다	
		ちょっと難しそうなんですが	断るⅡ	断ることに関連する語彙 2	-는다지요? -을 건가요?	
10	昨日と今日	映画を見に行ったりしました	過去を回想する	時間に関連する語彙	-다가도 -곤 하다	ハンガンの過去と現在
		10年前はどうだったんですか	現在と過去を比較する	比較に関連する語彙	전만 해도 -는다고 할 수 있다	
		韓国へ来なかったら、どうしていたでしょうか	仮定表現	推測に関連する語彙	-었다면 -었을 것이다	
		家事はもちろん、子供のめんどうまで見るんだそうです	未来を予測する	未来の生活に関連する語彙	-듯이 은 물론	

나 오 는 사 람

톰슨 제임스
미국 기자

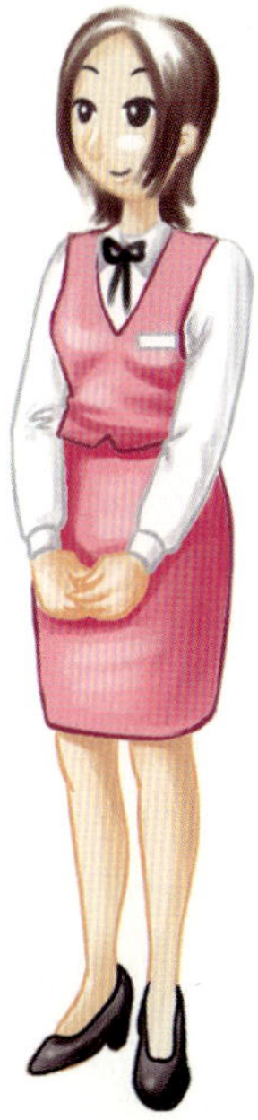

요시다 리에
일본 은행원

제임스의 하숙집 친구

츠베토바 마리아
러시아 대학생

제임스의 반 친구

왕 웨이
중국 회사원(연세무역)

제임스의 반 친구

김미선
한국 대학원생

마리아의 방 친구/민철의 여자 친구

정민철
한국 여행사 직원

미선의 남자 친구

이영수
한국 대학생

제임스와 리에의 하숙집 친구

오정희
한국 회사원(연세무역)

웨이의 회사 동료

제1과 취미생활

01
제목 | 취미가 뭐예요?
과제 | 취미에 대해 말하기
어휘 | 취미 관련 어휘
문법 | -던데요, -네요

02
제목 | 가끔 풍경화도 그리고요
과제 | 취미 활동 설명하기
어휘 | 취미 활동 관련 어휘
문법 | -는 편이다, -고요

03
제목 | 어떤 동아리에 들 거야?
과제 | 취미 동아리 소개하기
어휘 | 동아리 관련 어휘
문법 | -는데도, -기만 하다

04
제목 | 등산을 제일 많이 한대요
과제 | 여가 생활 조사하기
어휘 | 여가 활동 관련 어휘
문법 | -자마자, -는대요

05
정리해 봅시다

- 문화
  한국인의 여가 활동

01 취미가 뭐예요?

학습 목표 ● 과제 취미에 대해 말하기 ● 문법 -던데요, -네요 ● 어휘 취미 관련 어휘

두 사람은 무슨 이야기를 합니까?
여러분의 취미는 무엇입니까?

CD1:01~02

제임스 미선 씨는 취미가 뭐예요?

미선 저는 여행을 좋아해서 시간이 있을 때마다 여행을 가요.

제임스 그래요? 시간을 내기가 힘들지 않아요?

미선 어렵기는 하지만 마음만 먹으면 시간을 내는 건 가능하던데요.
제임스 씨는요?

제임스 저는 우표 모으는 것을 좋아해요.
세계 여러 나라의 우표를 거의 5,000장 정도 모았어요.

미선 정말 많이 모았네요.

시간을 내다 時間を作る
마음을 먹다 決心する、その気になる
가능하다 できる、可能だ
모으다 集める
세계 世界
거의 だいたい、ほとんど

어휘

01 [보기]에서 알맞은 어휘를 골라 빈칸에 쓰십시오.

독서

여행

하다

동전

도자기

(   )

바둑

장기

(   )

[보기] 수집하다
감상하다
두다
치다
하다

오페라

연극

(   )

탁구

테니스

(   )

02 어떤 취미가 어울립니까?

1) 저는 음악을 좋아합니다. (오페라 감상)
2) 저는 새로운 곳에 가는 것을 좋아합니다. (   )
3) 저는 집에 있는 것을 좋아합니다. (   )
4) 저는 움직이는 것을 좋아합니다. (   )
5) 저는 오래된 물건을 좋아합니다. (   )

문법 연습

-던데요

01 다음 그림을 보고 웨이와 마리아의 대화를 완성하십시오.

마리아 : 웨이 씨, 어제 제임스 씨 집에 갔지요? 제임스 씨 집은 멀어요?

웨이 : 1) 생각보다 학교에서 가깝던데요.

마리아 : 그래요? 제임스 씨 집은 어때요?

웨이 : 2) ____________________

마리아 : 제임스 씨가 지난번에 강아지 이야기를 했는데, 강아지도 봤어요?

웨이 : 네, 강아지가 3) ____________________

마리아 : 제임스 씨가 음식도 만들어 주었어요?

웨이 : 네, 떡볶이를 만들어 주었는데 4) ____________________

–네요

02 다음 상황에 맞게 표를 채우십시오.

상황	지금 알게 된 사실	어떻게 말할까요?
오늘 스미스 씨를 처음 만났어요.	한국말을 아주 잘 해요.	스미스 씨, 한국말을 아주 잘 하시네요.
오늘 오랜만에 서점에 왔어요.	책이 생각보다 비싸요.	
지금 영화를 보고 있어요.	생각보다 재미있어요.	
밖에 나왔어요.	비가 와요.	

과제 1 말하기

다음 중 여러분의 취미에 표시하고 [보기]와 같이 대화해 봅시다.

□ 등산	□ 낚시	□ 만화 그리기	□ 악기 연주
□ 운동	□ 여행	□ 음악 감상	□ 영화 감상
□ 독서	□ 요리	□ 외국어 배우기	□ 기타 ....

[보기] 가 : 마리아 씨는 취미가 뭐예요?
나 : 저는 얼마 전에 요가를 시작해서 매일 하고 있어요.
가 : 와, 정말 열심히 **하시네요**. 요가를 해 보니까 어때요?
나 : 건강이 **좋아지던데요**. 한번 해 보세요.

요가 ヨガ

과제 2 읽고 쓰기

01 다음 글을 읽고 질문에 답하십시오.

제 취미는 영화 감상입니다. 저는 다양한 장르의 영화를 모두 좋아하지만 특히 공포 영화를 좋아합니다. 저는 친구들과 일주일에 한 번씩 영화를 보러 갑니다. 영화를 본 후에 우리들은 그 영화에 대해서 많은 이야기를 합니다. 그리고 다음에 볼 영화에 대해서도 계획을 세웁니다. 이번 주말에는 친구들과 새로 개봉한 영화인 '무서운 사람들'을 보러 가기로 했습니다. 이 영화는 제가 좋아하는 감독의 영화인 데다가 제가 좋아하는 배우가 나와서 매우 기대가 됩니다. 제 친구들은 바둑을 두거나 동전을 수집하는 등 여러 가지 취미 생활을 하지만 저는 영화 감상이 제일 좋습니다. 영화 감상은 제 생활에 기쁨과 힘을 주는 중요한 부분입니다.

1) 이 사람의 취미생활에 대해 맞는 것을 고르십시오. (　　　)

❶ 이 사람은 무서운 영화를 싫어한다.
❷ 이 사람은 보통 혼자서 영화를 본다.
❸ 이 사람은 다양한 장르의 영화를 다 좋아한다.
❹ 영화를 보는 친구들은 한 달에 한 번씩 만난다.

2) 이 글의 내용과 같으면 ○, 다르면 × 표시를 하십시오.

❶ 이 사람은 이번 주에도 영화를 볼 것이다. (　　)
❷ 영화 감상은 이 사람의 생활에서 중요한 부분이다. (　　)
❸ 이 사람은 바둑을 두고 동전을 수집하는 취미도 가지고 있다. (　　)

3) 이 사람이 '무서운 사람들'이라는 영화를 기대하는 이유를 두 가지 쓰십시오.

❶ ....

❷ ....

02 여러분의 취미 생활에 대해서 쓰고 발표해 봅시다.

취미	
시작한 시기	
좋아하는 이유	
횟수	
같이 하는 사람	
좋은 점	

나의 취미생활

다양하다 多様だ、多彩だ、バラエティーにとんでいる **장르** ジャンル **공포** 恐怖、ホラー **개봉하다** 封切りする

会話

ジェームス　ミソンさんの趣味は何ですか。
ミソン　私は旅行をするのが好きで、時間があるたびに旅行に行きます。
ジェームス　そうですか。時間を作るのは大変じゃありませんか。
ミソン　大変と言えば大変ですが、その気にさえなれば、時間を作ることはできますよ。ジェームスさんは?
ジェームス　私は切手を集めるのが好きです。世界のいろいろな切手をだいたい5000枚ほど集めました。
ミソン　本当にたくさん集めたのですね。

문법 설명

01 –던데요

過去に自分が直接目撃したり、感じた事実を現在説明するかのように話すときに用いられる。親しい人や目下の者に対しては、‘–던데’を用いる。動詞や形容詞の語幹に付く。

- 가 : 요가를 배워보니까 어때요?　A: ヨガを習ってみて、どうですか。
  나 : 생각보다 어렵던데요.　B: 思ったより難しかったですよ。
- 가 : 학교 앞에 있는 식당에 가 봤어요?　A: 学校の前にある食堂に行ってみましたか。
  나 : 네. 음식도 맛있고, 값도 싸던데요.　B: はい。食物も美味しいし、値段も安かったですよ。

- 가 : 그 학생은 1급이지요?
  나 : 네, 그런데 어려운 단어를 많이 알던데요.

  A: あの学生は1級でしょう?
  B: はい、でも、難しい単語をたくさん知ってましたよ。

- 가 : 어제 본 영화 어땠어요?
  나 : 배우가 연기를 아주 잘 하던데요.

  A: 昨日見た映画、どうでしたか。
  B: 俳優の演技がとてもうまかったですよ。

02 –네요

発話時に聞いたり、見たりして、新たに知った事実を語るとき用いられる。親しい人や目下の者に対しては、'–네'を用いる。動詞や形容詞の語幹に付き、すでに終わったことに対しては'–었네요'を用いる。

- 일요일인데 도서관에 학생이 아주 많네요. 日曜日なのに、図書館に学生がとても多いですね。
- 얇은 책인데 가격이 비싸네요. 薄い本なのに値段が高いですね。
- 마리아 씨, 사진을 잘 찍으시네요. マリアさん、写真を撮るのがとても上手ですね。
- 미선 씨, 요가를 처음 배우는데 아주 잘 하시네요. ミソンさん、ヨガを習うのは初めてなのに、とてもお上手ですね。
- 수업이 벌써 끝났네요. 授業がもう終わったんですね。

02 가끔 풍경화도 그리고요

학습 목표 ● 과제 취미 활동 설명하기 ● 문법 -는 편이다, -고요 ● 어휘 취미 활동 관련 어휘

두 사람은 무엇에 대해 이야기를 하고 있습니까?
여러분은 어떤 그림을 좋아하십니까?

CD1:03~04

마리아 그림이 참 좋네요. 언제부터 그림을 그리기 시작했어요?

웨이 얼마 안 됐어요. 그림을 배우고 싶어서 작년에 학원에 등록했어요.

마리아 이 그림은 완성하는 데 얼마나 걸렸어요?

웨이 두 달쯤 걸렸어요.

마리아 생각보다 오래 걸린 편이네요. 주로 인물화를 그리세요?

웨이 네, 가끔 풍경화도 그리고요.

학원 塾、専門学校

등록하다 登録する

완성하다 完成する

인물화 人物画

풍경화 風景画

어휘

01 [보기]에서 알맞은 어휘를 골라 빈칸에 쓰십시오.

[보기] 전시회 　 연주회 　 상영 　 발표회

그림	화구	전시회	풍경화, 인물화, 정물화
음악	악기		고전 음악, 현대 음악
사진	사진기		인물 사진, 풍경 사진
무용	의상		발레, 고전 무용, 현대 무용
영화	촬영 도구		공포 영화, 코미디 영화, 공상과학 영화

02 빈칸에 알맞은 어휘를 쓰십시오.

❶ ________________에 초대합니다. 아름다운 풍경화를 보실 수 있습니다. 그림을 좋아하시는 분들은 꼭 와 보세요.

피아니스트 ○○○의 가을 ❷ ________________에 당신을 초대합니다. 꼭 오셔서 즐거운 시간을 보내시기 바랍니다.

연세대학교 3급 학생들의 연극 ❸ ________________이/가 있습니다.

일시 : ○○년 3월 2일
오후 2시
장소 : 대강당

문법 연습

-는/은/ㄴ 편이다

01 다음 표를 채우고 대화를 완성하십시오.

	질문	대답
1)	영화를 얼마나 자주 보세요?	일주일에 한 번
2)	가족들과 전화를 자주 하세요?	하루에 두 번
3)	외식을 자주 하는 편이세요?	두 달에 한 번
4)	술을 자주 드시는 편이세요?	
5)	책을 많이 읽으세요?	

1) 가 : 영화를 자주 보세요?
   나 : 네, 일주일에 한 번쯤 보니까 자주 보는 편이에요.

2) 가 : 가족들과 전화를 자주 하세요?
   나 : 네, 하루에 두 번쯤 하니까 ____________________

3) 가 : 외식을 자주 하는 편이세요?
   나 : 아니요, 두 달에 한 번쯤 외식을 하니까 ____________________

4) 가 : 술을 자주 드시는 편이세요?
   나 : ________, ____________으니까/니까 ____________________

5) 가 : 책을 많이 읽으세요?
   나 : ________, ____________으니까/니까 ____________________

-고요

02 다음 그림을 보고 대화를 완성하십시오.

❶

가 : 연세 식당이 깨끗해요?
나 : 네, 깨끗해요. 값도 싸고요.
가 : 그럼, '신촌 식당'은 어때요?
나 : '신촌 식당'은 좀 지저분해요. 값도 비싸고요.

❷

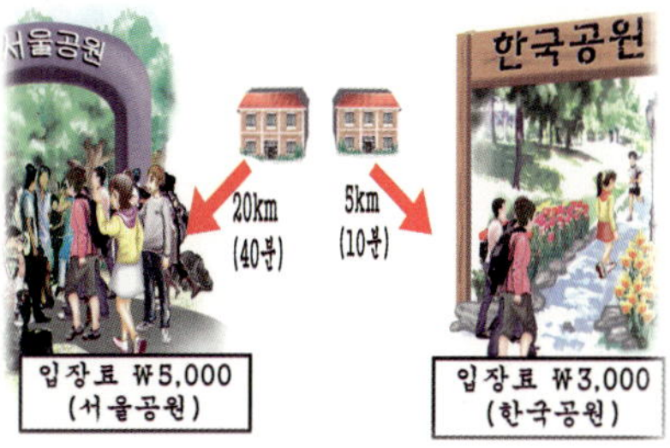

가 : 서울 공원 어때요?
나 : ______________. ______________.
가 : 그럼, 한국 공원은 어때요?
나 : ______________. ______________.

❸

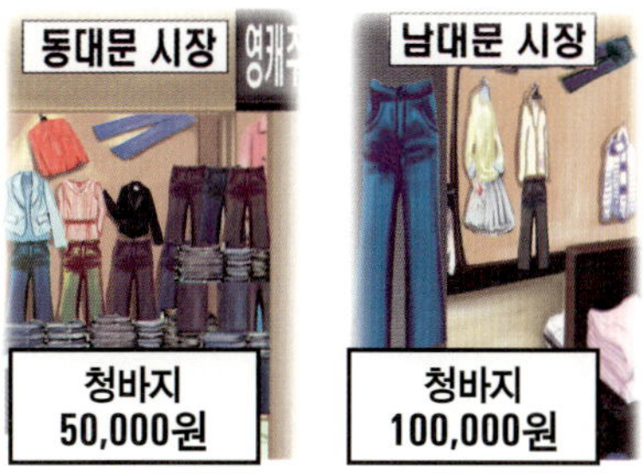

가 : 어디가 더 싸요?
나 : ______________. ______________.
가 : 그럼, ______________ 은/는 어때요?
나 : ______________. ______________.

❹

가 : 어느 하숙집이 좋아요?
나 : ______________. ______________.
가 : 그럼, ______________ 은/는 어때요?
나 : ______________. ______________.

과제 1 말하기

[보기]와 같이 친구와 대화하고 다음 표의 빈칸을 채워 봅시다.

[보기] 가 : 리에 씨는 취미가 뭐예요?
나 : 저는 요리하기를 좋아해요. 영화 보는 것도 **좋아하고요.**
가 : 영화를 자주 보세요?
나 : 일주일에 한 번쯤 보니까 **자주 보는 편이에요.**

이름	취미가 뭐예요?		얼마나 자주 하나요?
리에	요리하기	영화 감상	영화 감상은 일주일에 한 번

과제 2 듣고 말하기 [CD1:05]

01 대화를 듣고 질문에 답하십시오.

1) 여자의 취미는 무엇입니까? (   )

❶ 그림 감상 ❷ 그림 그리기 ❸ 그림 수집 ❹ 그림 전시

2) 들은 내용과 같으면 ○표, 다르면 ×표 하십시오.

❶ 여자는 풍경화를 잘 그린다. (   )
❷ 여자는 전시회에 가고 싶어한다. (   )
❸ 여자는 남자와 같이 전시회에 갈 것이다. (   )
❹ 그 전시회에 가면 유명한 화가들의 그림을 볼 수 있다. (   )

02 여러분은 어떤 취미를 가지고 있습니까? 다음 표에 메모하고 [보기]와 같이 이야기 해 봅시다.

종류	그림 감상	
방법	한 달에 한두 번 전시회 관람	
장점	그림을 보면서 아름다움을 느낀다. 다른 사람의 생각을 알 수 있다.	
비용	전시회 입장료 (입장료가 없는 전시회도 있음)	

[보기]

저는 그림 보는 것을 좋아해서 그림 전시회에 많이 갑니다. 한 달에 한 번이나 두 번쯤 전시회에 가는데 마음에 드는 그림이 있는 전시회는 여러 번 보러 가기도 합니다. 저는 그림을 보면서 아름다움을 느낍니다. 또 그림을 보면 그 그림을 그린 사람의 생각도 알 수 있습니다. 입장료가 좀 비싼 전시회도 있지만 입장료가 없는 전시회도 많습니다. 여러분도 한번 가 보세요.

동서양 東洋と西洋 **정물화** 静物画 **입장료** 入場料

会話

マリア　本当にいい絵ですね。いつから絵を描き始めたのですか。

ウェイ　まだあまり日がたっていません。
絵が習いたくて、去年塾に入りました。

マリア　この絵は完成するのにどのくらいかかりましたか。

ウェイ　2ヶ月ほどかかりました。

マリア　思ったより結構時間がかかった方ですね。
主に人物画をお描きになるんですか。

ウェイ　はい、ときどき風景画も描きますが。

문법 설명

01 –는/은/ㄴ 편이다

ある事実に対して断定的に言うというより、ある一定の傾向にあるときに用いられる。動詞に付くときは‘많이, 자주’など、程度を表す副詞と一緒に用いる。動詞の語幹の後ろには‘–는 편이다’が、子音で終わる形容詞の語幹の後ろには‘–은 편이다’が、母音で終わる形容詞の語幹の後ろには‘–ㄴ 편이다’が付く。

• 가 : 마리아 씨는 반 친구들한테 인기가 있나요?	A: マリアさんはクラスの友達に人気がありますか。
나 : 네, 성격이 밝아서 친구들한테 인기가 많은 편이에요.	B: はい、性格が明るくて友達に人気があるほうです。
• 가 : 그 시장은 다른 시장보다 물건값이 싼 편이에요.	A: あの市場は他の市場より物の値段が安いほうです。
나 : 아, 그래서 언제나 사람이 많군요.	B: ああ、それでいつも人が多いんですね。

- 가：사람들이 이 약을 많이 찾아요? A：人々はこの薬をよく買っていきますか。
  나：네, 많이들 찾는 편이에요. B：はい、よく買っていく方ですね。

- 가：외식을 자주 하세요? A：外食をよくなさいますか。
  나：한 달에 두세 번쯤 하니까 자주 하는 편이에요. B：ひと月に2～3回しますから、よくする方です。

02 ―고요

相手や話し手自身が言った内容に、さらに別の内容を追加したり、話を継続するときに用いられる。動詞や形容詞の語幹の後ろに付く。

- 가：지금 살고 있는 하숙집은 어때요? 마음에 들어요? A：今住んでいる下宿はどうですか。気に入ってますか。
  나：네, 좋아요. 학교도 가깝고요. B：はい、気に入ってます。学校も近いですし。

- 가：그 식당 음식이 맛있지요? A：あの食堂の食物は美味しいでしょう?
  나：네, 값도 싸고요. B：はい、値段も安いです。

- 가：밖에 비가 많이 와요? A：外はたくさん雨が降っていますか。
  나：네, 바람도 불고요. B：はい、風も吹いてます。

- 가：주말에는 뭘 하세요? A：週末は何をなさいますか。
  나：친구들하고 영화를 봐요. 쇼핑도 하고요. B：友達と映画を見ます。ショッピングもします。

03 어떤 동아리에 들 거야?

학습 목표 ● 과제 취미 동아리 소개하기 ● 문법 -는데도, -기만 하다 ● 어휘 동아리 관련 어휘

두 사람은 무슨 이야기를 하는 것 같습니까?
여러분은 어떤 동아리에 들었습니까?

CD1:06~07

마리아　제임스, 어떤 동아리에 들 거야?

제임스　아직 못 정했어. 어떤 동아리가 좋을까?

마리아　넌 한국 문화에 관심이 있으니까 탈춤반이나 전통 음악반이 어때?

제임스　글쎄, 지난 번에 소개하는 것을 들었는데도 어떤 동아리에 들어가야 할지 결정을 못하겠어.

마리아　그럼 학교 홈페이지에 들어가서 동아리 소개를 한번 찾아 봐. 사진하고 동영상도 있어.

제임스　아, 맞다. 홈페이지에 들어가기만 하면 다 나오는데 괜히 고민했네.

들다 入る
관심 興味、関心
동영상 動画
괜히 無駄に
고민하다 悩む

어휘

01 다음은 학교 동아리입니다. 그림에 알맞은 동아리를 [보기]에서 골라 쓰십시오.

[보기]				
	탈춤 동아리	사진 동아리	국악 동아리	봉사 동아리
	영화 동아리	등산 동아리	태권도 동아리	합창 동아리

국악 동아리

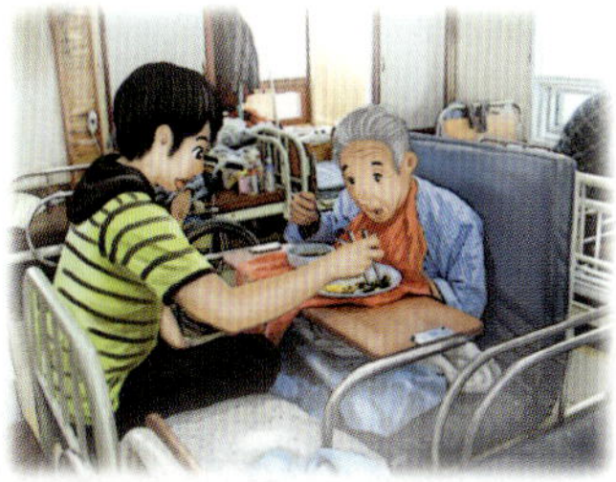

02 이 사람은 어떤 동아리에 들면 좋겠습니까 ?

1) 제 취미생활이 다른 사람에게 도움이 됐으면 좋겠습니다. (봉사 동아리)
2) 저는 건강에 관심이 많아요. (　　　　　　)
3) 저는 한국 문화를 배우고 싶어요. (　　　　　　)
4) 저는 자연을 가까이하는 것을 좋아해요. (　　　　　　)
5) 음악과 관계있는 활동을 하고 싶어요. (　　　　　　)

문법 연습

–는데도 /은데도/ㄴ데도

01 다음 그림을 보고 대화를 완성하십시오.

❶

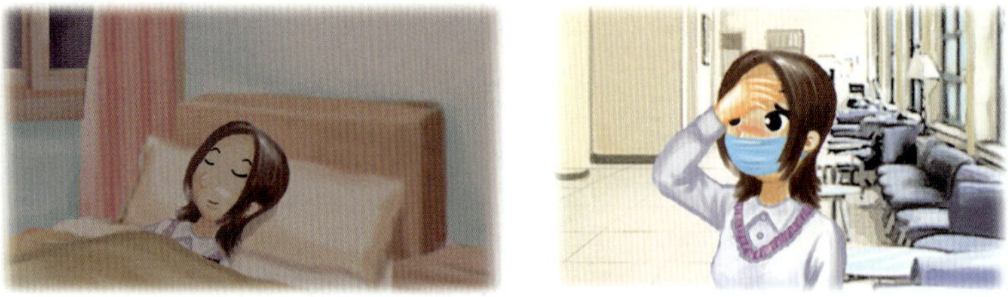

미선 : 리에 씨, 감기는 좀 어때요? 감기는 푹 쉬면 나으니까 좀 쉬세요.
리에 : 푹 쉬었는데도 아직 낫지 않았어요.

❷

미선 : 마리아 씨, 요즘 피곤해 보이는데 밤에 잠을 잘 못 자요?
마리아 : 아니요, ______________ 피곤해요. 요즘 매일 테니스를 쳐서 그런 것 같아요.

❸

마리아 : 어제 웨이하고 농구 했지? 웨이는 키가 작아서 농구는 잘 못할 것 같은데 어때?
제임스 : 아니야. 웨이는 ______________________________.

❹

정희 : 웨이 씨, 시험 잘 봤어요?
웨이 : 아니요, ______________________________.

–기만 하다/만 하다

02 다음은 리에가 친구에게 보낸 이메일입니다. [보기]의 동사와 '–기만 하다'를 이용해서 빈칸을 채우십시오.

[보기]	내다	자다	먹다	받다	공부를 하다

Communication Service @YONSEI

공지사항 Q&A 도움말 로그아웃

메일쓰기

보내기 | 임시저장 | 다시쓰기 | 미리보기 | 음성메일 | 주소록

보내는 사람: 리에

받는 사람 [참조추가]

자주 사용하는 메일주소 / 최근 보낸 메일주소

제 목

편집모드: HTML TEXT 개별발송 메시지 인코딩 한국어(EUC-KR)

미선에게

미선아, 안녕? 우리가 만나지 못한 지 한 달쯤 됐지? 넌 어떻게 지내고 있어? 난 한국에 처음 왔을 때는 너무 힘들어서 수업이 끝나고 집에 돌아오면 숙제도 못하고 자기만 했는데 ~~는데/은데/ㄴ데~~ 지금은 익숙해져서 괜찮아. 한국 음식에도 익숙해져서 좋은데, 운동을 안 하고 ________ 으니까/니까 살이 너무 많이 쪄서 걱정이야. 지금까지는 빨리 한국말을 잘 하고 싶어서 ________ 었는데/았는데/였는데, 이제 운동도 좀 하고 싶어. 그래서 너한테 부탁하고 싶은 것이 있어. 내가 등산 동아리에 들려고 하는데, 가입 신청서를 ________ 으면/면 된다고 들었어. 그런데 신청서를 쓰는 것이 생각보다 복잡해서 못 내고 있어. 만나서 신청서 쓰는 것 좀 도와줄 수 있어? 항상 도움을 ________ 어서/아서/여서 어떻게 하지? 다음에 밥 살게. 그럼 언제 시간이 있는지 꼭 연락해 줘.

– 리에가

파일 첨부: 이름 | 크기 — 파일추가 | 파일삭제 | 파일보기 — 총용량: [0 bytes] (최대 20M) — Simple 업로드

발송 설정: 중요도 보통 · 보낸메일저장 · 서명추가 · 내명함첨부 · 수신확인

예약 설정: 년 월 일 시 분

회신 주소

보내기 | 임시저장 | 다시쓰기

과제 1 쓰기

다음 그림을 보고 마리아의 일기를 써 봅시다.

오늘 웨이 씨와 같이 테니스를 쳤다. 웨이 씨는 테니스를 배운 지 두 달밖에 안 **되었는데도** 테니스를 정말 잘 친다.

지다 負ける **이기다** 勝つ

과제 2 듣고 쓰기 [CD1:08]

01 대화를 듣고 질문에 답하십시오.

1) 남자가 가입한 동아리에 대해 맞는 것을 고르십시오. (　　　　)

❶ 인터넷으로 신청할 수 있다.
❷ 자동차와 관계있는 동아리이다.
❸ 이 동아리는 들어가기가 어렵다.
❹ 이 동아리에는 회원이 별로 없다.

2) 여자에 대해 맞는 것을 고르십시오. (　　　　)

❶ 여자는 유명한 찻집을 많이 알고 있다.
❷ 여자는 남자가 든 동아리에 들 것 같다.
❸ 여자는 남자가 든 동아리에 관심이 없다.
❹ 여자는 그 동아리의 회원들에게 관심이 없다.

3) 들은 내용을 다음 표에 정리하십시오.

동아리 이름	
하는 일	• •

02 여러분이 알고 있는 동아리나 동호회를 소개해 봅시다.

• 동아리(동호회) 이름 :
• 회비 :
• 하는 일 :

• 기타:

会話

マリア　ジェームス、どんなサークルにはいるつもりなの。

ジェームス　まだ決めてないんだ。どんなサークルがよいかな。

マリア　あなたは韓国文化に興味があるから、タルチュム同好会とか伝統音楽同好会はどう?

ジェームス　うーん、この間紹介しているのを聞いたんだけど、どんなサークルに入ったらいいのか、決められそうにありません。

マリア　じゃあ、学校のホームページに入って一度探してご覧なさいよ。写真と動画もあるわよ。

ジェームス　ああ、そうだね。ホームページに入りさえすれば、全部出てくるのに、無駄に悩んでいたんだね。

문법 설명

01 –는데도/은데도/ㄴ데도

後の結果が、前の状況からまったく予想できないものになるときに用いられる。動詞や形容詞の語幹の後ろに付く。動詞の語幹の後ろには'–는데도'を、子音で終わる形容詞の語幹の後ろには'–은데도'が、母音で終わる形容詞の語幹の後ろには'–ㄴ데도が付く。'–었–'を使うときは'–었는데도'を用いる。

- 매일 연습하는데도 실력이 좋아지지 않아요.　毎日練習しているのに、実力が上がりません。
- 할 일이 많은데도 피곤해서 그냥 잤어요.　やることが多いのに、疲れてそのまま寝てしまいました。

- 그 분은 일본 사람인데도 한국말을 한국 사람처럼 잘 하던데요. その方は日本人なのに、韓国語が韓国人のように上手でしたよ。
- 계속 약을 먹었는데도 감기가 낫지 않아요. ずっと薬を飲んでるのに、風邪が治りません。

02 -기만 하다/만 하다

他のことはせずに、ただ一つの行動だけをとるときに用いられる。動詞の語幹の後ろに付く。'무엇을 하다'のときは'무엇만 하다'とも言う。

- 우리 아이는 집에서 공부만 해요. うちの子は家で勉強ばかりしています。
- 그 사람은 행동은 하지 않고 말만 해요. その人は行動せず、言葉だけです。
- 여기 있는 신청서를 쓰기만 하면 상담을 받을 수 있어요. ここにある申請書を書くだけで、相談が受けられます。
- 요즘 아이들이 공부는 안 하고 놀기만 해서 걱정이에요. 近頃の子供たちは勉強もせずに、遊んでばかりいて心配です。

04 등산을 제일 많이 한대요

학습 목표 ● 과제 여가 생활 조사하기 ● 문법 -자마자, -는대요 ● 어휘 여가 활동 관련 어휘

미선 씨는 어디에 가려고 합니까?
여러분은 시간이 있을 때 무엇을 합니까?

CD1:09~10

리에 한국 사람들은 시간이 있을 때 보통 뭘 해요?

미선 조사 결과에 따르면 등산을 제일 많이 한대요.

리에 그렇군요. 한국에는 산이 많아서 등산하기가 좋을 거예요.

미선 네, 그리고 산이 별로 험하지 않아서 아이들도 쉽게 등산을 할 수 있어요.

리에 미선 씨도 이번 연휴에 등산 가실 거예요?

미선 아니요. 저는 수업이 끝나자마자 제주도에 갈 거예요. 친구들과 제주도 관광을 하기로 했어요.

조사 調査

결과 結果

-에 따르면 ーによると、ーによれば、ーに従えば

험하다 険しい

관광 観光

어휘

01 [보기]에서 알맞은 어휘를 골라 빈칸에 쓰십시오.

[보기] 감상 촬영 관람 오락 여행

여가 활동

감상	______	______	______	______
음악 영화 연극	유적지 휴양지	놀이 게임	사진 비디오 동영상	전시회 박물관 운동 경기

02 관계있는 어휘를 쓰십시오.

1) 경주, 로마, 하와이 (여행)
2) 로미오와 줄리엣, 피아노 연주회, 스타워즈 ( )
3) 사진 전시회, 김치 박물관, 축구 경기 ( )
4) 노래방, 조각 그림 맞추기, 컴퓨터 게임 ( )
5) 졸업 사진, 결혼식 비디오 ( )

문법 연습

-자마자

01 관계있는 것을 연결해서 문장을 만드십시오.

1) 밖으로 나오다 •	• 울기 시작했어요.
2) 아이가 의사 선생님을 보다 •	• 커피부터 마셔요.
3) 아침에 일어나다 •	• 다 썼어요.
4) 월급을 받다 •	• 비가 오기 시작했어요.

1) 밖으로 나오자마자 비가 오기 시작했어요.

2) ……………………

3) ……………………

4) ……………………

-는대요/ㄴ대요/대요/이래요
-냬요, -으래요/래요, -재요

02 다음은 제임스와 마리아의 대화입니다. 두 사람의 대화를 읽고 제임스와 미선의 대화를 완성하십시오.

제임스 : 마리아, 내일 바빠?
마리아 : 아니. 1) 내일은 바쁘지 않아.
제임스 : 내가 보고 싶은 한국 영화가 있는데 같이 볼래?
마리아 : 잘 됐다. 나도 2) 한국 영화를 좋아해.
제임스 : 그럼 2시에 신촌역에서 만날까?
마리아 : 신촌역은 복잡하니까 3) 극장 앞에서 만나자.
제임스 : 좋아.
마리아 : 표는 4) 사지 마. 내가 예매할게.
참, 미선 씨도 같이 보자고 할까?
제임스 : 그럴까? 그럼 내가 전화해서 물어 볼게.

제임스 : 미선 씨, 내일 같이 영화 볼래요? 마리아도 같이요.
미선 : 네, 좋아요. 마리아 씨도 내일 괜찮대요?
제임스 : 네, 1) 내일은 바쁘지 않대요 . 한국 영화를 보려고 하는데 어때요?
미선 : 저는 한국 영화를 좋아하는데, 마리아 씨도 한국 영화를 좋아할까요?
제임스 : 네, 마리아도 2) ________________.
내일 2시에 신촌 극장 앞에서 만나려고 하는데 괜찮지요?
미선 : 신촌 극장이요? 신촌역에서 만나는 게 좋지 않을까요?
제임스 : 마리아가 신촌역은 복잡하니까 3) ________________.
미선 : 네, 알겠어요. 그럼 표는 제가 예매할까요?
제임스 : 표는 마리아가 예매하겠다고 4) ________________.
미선 : 네, 그럼 내일 봐요.

과제 1 말하기

다음은 한국 사람들의 취미를 조사한 표입니다. 표를 보고 [보기]와 같이 이야기해 봅시다.

한국인이 즐기는 취미		
순위	취미	비고
1위	등산 (9.0%)	40대 이상 남성 취미 1위
2위	독서 (8.3%)	30~40대 여성 취미 1위
3위	음악 감상 (7.8%)	20대 여성 취미 1위
4위	컴퓨터 게임 (5.4%)	10~20대 남성 취미 1위
5위	운동 · 헬스 (5.2%)	20~30대 남성 취미 2위
6위	인터넷 · 컴퓨터 (4.5%)	10대 여성 취미 1위
7위	낚시 (4.1%)	30대 남성 취미 1위

한국인이 가장 즐기는 취미는 **등산이래요.** 많은 사람들이 좋아하지만 특히 40대 이상 남성이 가장 **좋아한대요.** 그 다음은 ______________________

____

____

____

과제 2 읽고 말하기

01 다음을 읽고 질문에 답하십시오.

여러분은 한가한 시간에 집에 있을 때 무엇을 하십니까? 보통 텔레비전을 보면서 쉬시지요? 많은 사람들이 이렇게 여가를 보낸다고 합니다. 좀 더 재미있고 도움이 되는 여가 활동은 없을까요? 다음은 제가 조사한, 집에서 할 수 있는 여가 활동입니다.

첫 번째로 요리가 있습니다. 먹고 싶은 요리를 생각하고 재료를 준비해서 요리하는 것을 즐기는 것입니다. 요리의 맛뿐만 아니라 과정을 즐기는 것이지요.

이상 以上

두 번째로 무엇인가를 만드는 활동이 있습니다. 나무 의자나 커튼 등 여러 가지 물건을 직접 만드는 것입니다. 만드는 것도 재미있지만 직접 만든 물건을 사용하면 더 좋지요.

세 번째로 운동이 있습니다. 집에 운동 기구를 놓으면 편하게 운동을 할 수 있습니다. 마당이 있는 단독 주택이면 운동하기가 더 좋을 것 같습니다.

네 번째로 화초 기르기가 있습니다. 좋아하는 화초가 자라는 것을 보는 기쁨도 느낄 수 있습니다.

다섯 번째로 애완동물을 기르면서 여가 시간을 보내는 것도 나쁘지 않겠지요? 특히 아이가 하나뿐인 집에서는 애완동물이 아이의 친구가 될 수 있을 것입니다.

1) 무엇에 대한 소개입니까?

2) 조사 결과와 같은 내용을 고르십시오. (　　　)

❶ 요리는 맛과 함께 만드는 과정을 즐길 수도 있다.
❷ 단독 주택이 아니면 집에서 운동을 하기가 어렵다.
❸ 텔레비전을 보면서 쉬는 것은 여가 활동이 아니다.
❹ 애완동물과 화초를 기르는 활동은 어른들이 많이 하는 활동이다.

3) 여러분은 위의 활동 중에서 어느 것을 하십니까? 그 이유는 무엇입니까?

02 가족이 함께 할 수 있는 여가 활동으로는 무엇이 있을까요? 그 활동을 하면 무엇이 좋을 것 같습니까? 표를 채우고 이야기해 봅시다.

활동의 종류	좋은 점
가족이 함께 찜질방에 간다.	가족이 모두 모여서 이야기할 수 있다.

즐기다 楽しむ　**과정** 過程　**기구** 器具　**단독 주택** 一軒家　**화초** 草花

会話

りえ　韓国人は時間があるとき、普通何をするんですか。

ミソン　調査の結果によると、登山を一番よくするんですって。

りえ　そうですか。韓国には山が多いので、登山にはいいでしょうね。

ミソン　ええ、それから山がそれほど険しくないので、子供たちも気軽に登山ができるのです。

りえ　ミソンさんも今度の連休に登山に行くつもりですか。

ミソン　いいえ、私は授業が終わったらすぐに、チェジュドに行くつもりです。
友達とチェジュドの観光をすることにしました。

문법 설명

01 −자마자

あることが起り、すぐそのあとに続いて他のことが起るときに用いられる。動詞の語幹の後ろに付く。

- 6시가 되자마자 모두들 퇴근했다. 6時になるとすぐに、みんな退社した。
- 그 친구의 목소리를 듣자마자 울기 시작했다. その友達の声を聞くやいなや、泣き始めました。
- 우리 아이는 집에 들어오자마자 손부터 씻는다. うちの子は帰ってくるとすぐに、手から洗います。
- 마리아 씨는 버스에서 내리자마자 뛰기 시작했다. マリアさんはバスから降りるやいなや、走り始めた。

02 -는대요/ㄴ대요/대요/이래요, -냬요, -으래요/래요, -재요

他人から聞いた事実を伝えるときに用いられる'-는다고 해요, -냐고 해요, -자고 해요, -으라고 해요'の縮約形である。(参考 2級 7課)

• 그 분은 프랑스 사람이래요.	その方はフランス人ですって。
• 선생님은 성실한 학생이 좋대요.	先生はまじめな学生が好きなんですって。
• 웨이 씨는 날마다 열심히 공부한대요.	ウェイさんは毎日一所懸命勉強するんですって。
• 학생들이 모두 시험을 잘 봤대요.	学生はみんな試験ができたそうです。
• 제임스 씨는 6급까지 공부할 거래요.	ジェームスさんは6級まで勉強するんですって。
• 우리에게 뭘 하고 있냬요.	私たちに、何をしているのかと言っています。
• 어머니가 늦게 다니지 말래요.	母が遅くまで出歩かないようにと言っています。
• 친구가 같이 영화를 보재요.	友達が一緒に映画を見ようと言っています。

05 정리해 봅시다

01 반 친구들의 취미, 가입한 동아리나 동호회를 조사해 다음 표에 쓰십시오.

이름	취미	동아리/동호회

02 다음 표현을 사용하여 대화를 완성해 보십시오.

–던데요	–네요	–는 편이다	–고요
–는데도	–기만 하다	–자마자	–는대요

제임스 : 마리아 씨가 우리 반 친구를 모두 초대했어요.
마리아 씨 집으로 7시까지 ________________.
(오다)

미선 : 저녁 준비를 마리아 씨 혼자 하려면 힘들지 않을까요?

제임스 : 마리아 씨가 자기 취미가 요리니까 그냥 와서 ________________ 으래요/래요.
(먹다)

미선 : 그래도 될까요? 전에 혼자 파티 준비를 해 보니까 많이 ________________.
(힘들다)
돈도 많이 ________________.
(들다)

제임스 : 다른 친구들이 ________________ 마리아 씨가 괜찮대요.
(도와 주겠다고 하다)

미선 : 그래요? 제가 마리아 씨한테 다시 전화해 볼게요.

03 친구들에게 여러분의 취미를 추천해 보십시오.
여러분의 취미 활동의 좋은 점과 우리 반 친구 중에 누가 이 취미 활동을 하면 좋을지 이야기해 봅시다.

문화

한국인의 여가 활동 [CD1:11]

여가 활동이란 일을 하고 남는 시간을 활용하여 하는 활동을 말합니다. 또한, 여가 시간이란 직장 생활과 공부로부터 벗어난 자유로운 시간을 말합니다. 따라서 여가 활동은 꼭 해야 하는 것이 아니라 스스로 즐기기 위해서 하는 활동입니다. 과거 우리 조상들은 씨름, 널뛰기, 줄다리기, 팽이치기, 썰매타기, 탈춤, 서예 등의 여가 활동을 즐겼습니다. 현대에는 여가 활동이 더 다양해졌습니다. 컴퓨터 게임과 같은 오락 활동에서부터 영화 감상, 다양한 스포츠 활동, 어려운 사람들을 도와주는 봉사 활동, 그리고 특별한 동식물을 키우는 취미 활동에 이르기까지 그 종류는 수없이 많습니다. 현대인들은 자신에게 맞는 적절한 여가 활동을 통해 일상생활에서 받는 스트레스를 풀고 건강하게 살려고 노력합니다.

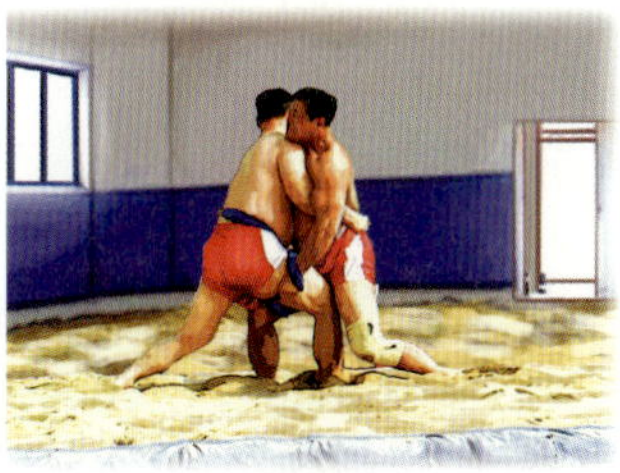
씨름

널뛰기

서예

스킨스쿠버

컴퓨터 게임

등산

1. 여러분의 나라에서 하는 여가 활동에 대해서 이야기해 봅시다.

2. 한국인이 즐겨하는 여가 활동 중에서 흥미있는 것이 있으면 이야기해 봅시다.

활용하다 活用する　**벗어나다** 抜ける　**스스로** みずから

제2과 일상생활

01 앞집에 이사 온 리에라고 합니다

학습 목표 ● 과제 인사하기 ● 문법 -으려던 참이다, -을 텐데 ● 어휘 인사 관련 어휘

리에 씨는 지금 무엇을 하고 있습니까?
여러분은 한국에서 이사한 적이 있습니까?

CD1:12~13

리에 안녕하세요? 저는 앞집에 이사 온 리에라고 합니다. 잘 부탁드립니다.

이웃 그렇지 않아도 어떤 분인지 궁금해서 인사를 가려던 참이었어요. 그런데 외국분이신가 봐요.

리에 네, 일본에서 왔어요.

이웃 한국말을 참 잘 하시네요.

리에 감사합니다. 이거 이사 떡인데 맛 좀 보세요.

이웃 고맙습니다. 잘 먹겠습니다. 이사 때문에 바쁘실 텐데 언제 이런 걸 준비하셨어요?

이사를 오다 引っ越してくる

그렇지 않아도 そうでなくても

궁금하다 気になる

인사를 가다 挨拶に行く

이사 떡 引っ越し先のとなり近所に配る餅

맛을 보다 味見をする

어휘

01 [보기]에서 알맞은 어휘를 골라 빈칸에 한 번씩만 쓰십시오.

[보기] 인사를 가다　　인사를 받다　　인사를 드리다
인사를 시키다　　인사를 나누다

인사를 하다

....

....

....

인사를 드리다, ...

02 빈칸에 알맞은 어휘를 쓰십시오.

1) 제임스 씨가 나를 보고 인사를 했다 ~~었다/았다/였다~~.
2) 설날에는 친척 어른들 댁으로 .... 는다/ㄴ다.
3) 내일이 스승의 날이어서 선생님께 .... 으러/러 가려고 한다.
4) 오랜만에 만난 두 사람은 서로 악수를 하면서 반갑게 .... 었다/았다/였다.
5) 과장님은 내가 회사에 처음 들어갔을 때 회사 사람들에게 .... 었다/았다/였다.

문법 연습

-으려던/려던 참이다

01 다음 그림을 보고 대화를 완성하십시오.

1) 알렉스 : 저는 지금 점심 먹으러 갈 거예요. 같이 갈 사람 없어요?
마리아 : 저도 점심을 먹으려던 참이었어요. 같이 가요.

2) 마이클 : 영화를 보려고 하는데, 같이 갈래요?
_______ : 그래요? _______

3) 다나까 : 저, 도서관에 가려고 하는데, 같이 갈까요?
_______ : 마침 잘 됐네요. _______

4) 사오리 : 너무 졸려요. 커피 좀 마셔야겠어요.
_______ : _______

-을/ㄹ 텐데

02 다음 그림을 보고 대화를 완성하십시오.

❶

미선 : 여보세요? 제임스 씨? 지금 어디예요?

제임스 : 지금 지하철을 타고 가고 있어요.

미선 : 아, 그래요? 저는 지금 약속 장소에서 기다리고 있어요.

제임스 : 바쁠 ~~을/ㄹ~~ 텐데 늦어서 미안해요. 금방 갈게요.

❷

리에 : 미선 씨, 어제도 안 자고 일했어요?

미선 : 네, 일이 너무 많아서요.

리에 : ________________ 을/ㄹ 텐데 좀 쉬었다가 하세요.

❸

웨이 : 정희 씨, 오늘 일이 많은가 봐요.

정희 : 네, 오늘까지 해야 하는데 걱정이에요.

웨이 : ________________ 을/ㄹ 텐데 좀 도와 드릴까요?

정희 : 정말 고마워요. 그럼 이것 좀 해 주시겠어요?

❹

미선 : 마리아 씨, 점심 먹었어요?

마리아 : 아니요, 아직이요.

미선 : ________________ 을/ㄹ 텐데 이 샌드위치 좀 드실래요?

마리아 : 아, 괜찮아요. 이따가 친구를 만나서 먹을 거예요.

YONSEI KOREAN 3

과제 1 말하기

다음과 같은 상황에서는 어떻게 인사하면 좋을까요? 표를 채우고 [보기]와 같이 친구와 대화해 봅시다.

상황	인사말
초대한 손님이 집에 왔을 때 손님에게	바쁘실 텐데 이렇게 와 주셔서 감사합니다.
초대받은 사람이 초대한 사람에게	
도움을 받은 사람이 도와 준 사람에게	
나를 축하해 주는 친구에게	

[보기] 가 : 안녕하세요?

나 : 어서 들어오세요. **바쁘실 텐데** 이렇게 와 주셔서 감사합니다.
오시는데 힘들진 않으셨어요?

가 : 위치를 자세히 알려 주셔서 금방 찾을 수 있었어요.
이거 받으세요. 과일을 좀 사 왔어요.

나 : 감사합니다. 그냥 오셔도 되는데... 뭐 이런 걸 다 사오셨어요.

과제 2 읽고 말하기

01 다음 글을 읽고 질문에 답하십시오.

여러분이 다른 사람을 만났을 때 제일 먼저 하는 일은 무엇입니까? 아마 인사일 것입니다. 우리는 다른 사람과 만나고 헤어질 때, 다른 사람의 도움을 받았을 때, 축하할 일이 있거나 위로할 일이 있을 때 인사를 합니다.

이런 인사는 왜 하는 것일까요? 인사를 하면서 우리는 우리의 마음을 상대방에게 알릴 수 있습니다. 상대방을 만났을 때의 반가움, 헤어질 때의 섭섭함, 상대방이 잘 지내기를 바라는 마음, 상대방에게 좋은 일이 생겼을 때 축하하는 마음, 상대방에게 슬픈 일이 생겼을 때 슬퍼하는 마음 등을 보여주는 것이 바로 인사입니다.

하지만 잘못된 인사는 상대방에게 실례가 될 수도 있습니다. 예를 들어 아랫사람이 윗사람에게 먼저 악수를 청하는 것이나, 윗사람에게 '수고하세요'라고 말하는 것도 실례가 됩니다. 계단 위에서 윗사람에게 인사를 하거나 뛰어가면서 인사를 하는 것, 상대의 눈을 보지 않거나 무표정하게 인사를 하는 것도 좋지 않습니다. 또 좋은 마음으로 인사를 해도 상대방의 상황을 고려하지 않으면 상대방의 기분이 나빠질 수도 있으므로 조심해야 합니다.

1) 이 글에서 이야기한 것을 모두 고르십시오. (   )

❶ 인사의 종류
❷ 좋은 인사법
❸ 인사의 중요성
❹ 인사할 때의 주의점

2) 인사를 하는 이유는 무엇입니까? 쓰십시오.

3) 여러분은 다음과 같은 상황에서 어떻게 인사합니까? 다음 표에 쓰십시오.

상황	인사말
어렸을 때 친구를 오랜만에 만났을 때	
같이 공부하던 친구가 고향으로 돌아갈 때	
친구가 원하던 직장에 취직했을 때	
친구의 할아버지가 돌아가셨을 때	

02 인사를 할 때 주의해야 할 점에는 어떤 것이 있는지 생각해 보고, 좋은 인사법에 대해서 [보기]와 같이 이야기해 봅시다.

[보기]
저는 무엇보다도 밝은 표정으로 인사하는 것이 중요하다고 생각해요. 인사를 할 때 표정이 좋지 않으면 인사를 받는 사람의 기분이 나쁠 거예요. 그래서 저는 저한테 안 좋은 일이 있어도 다른 사람에게 인사를 할 때는 웃으면서 인사하려고 노력해요.

위로하다 なぐさめる **청하다** 頼む、求める **무표정하다** 無表情だ **고려하다** 考慮する

会話

りえ　ごめんください。私は前の家に引っ越してきたりえと申します。よろしくお願いします。

お隣　そうでなくても、どんな方なのか気になって、挨拶に行こうと思っていたところでした。ところで外国の方のようですね。

りえ　はい、日本から来ました。

お隣　韓国語が本当にお上手ですね。

りえ　ありがとうございます。これ、お近づきのしるしのお餅なんですが、どうぞ召し上がってください。

お隣　これはどうも、ありがたく頂戴します。引っ越しでお忙しいはずなのに、いつ、このようなものを用意されたのですか。

문법 설명

01 -으려던/려던 참이다

ある行動をしようと考えていたのだが、それと関連する別の事柄が偶然に重なるとき用いられる。動詞の語幹の後ろに付く。子音で終わる動詞の語幹の後ろには'-으려던 참이다'が、母音で終わる動詞の語幹の後ろには'-려던 참이다'が付く。

- 가：저는 점심 먹으러 갈 거예요. 같이 갈까요?
  나：잘 됐네요. 저도 점심 먹으려던 참이었어요. 같이 가요.

  A：私はお昼を食べに行くつもりです。一緒に行きましょうか。
  B：ちょうどよかったですね。私もお昼を食べようと思っていたところだったんです。一緒に行きましょう。

- 가 : 좀 추운데 창문 좀 닫아도 될까요?
  나 : 네, 저도 좀 추워서 닫으려던 참이었어요.

  A: ちょっと寒いんですが、窓を閉めてもいいですか。
  B: ええ、私もちょっと寒くて、閉めようと思っていたところだったんです。
- 가 : 언제 나갈 거예요?
  나 : 지금 막 나가려던 참이었어요.

  A: いつ出ますか。
  B: 今ちょうど出ようとしていたところだったんです。
- 가 : 여보세요? 저 미선인데요.
  나 : 미선 씨, 그렇지 않아도 전화하려던 참이었어요.

  A: もしもし、私、ミソンですが。
  B: ミソンさん、そうでなくても電話しようと思っていたところだったんです。

02 -을/ㄹ 텐데

これから起る事や、今まで見たことのない状況を推測して語りながら、今後についての提案をしたり、質問をするとき用いられる。動詞や形容詞の語幹の後ろに付く。子音で終わる動詞や形容詞の語幹の後ろには'-을 텐데'を、母音で終わる動詞・形容詞の語幹の後ろには'-ㄹ 텐데'が付く。

- 회사 그만두시면 심심하실 텐데 우리 집에 한번 들러 주세요.
  会社を辞めたら退屈でしょうに、うちに一度寄ってください。
- 시부모님도 우리와 사시기 불편하실 텐데 함께 살아도 괜찮을까요?
  夫の両親も私たちと暮すのは居心地が悪いでしょうに、一緒に暮しても大丈夫でしょうか。
- 방이 아마 제일 궁금하실 텐데, 들어와서 보세요.
  部屋がおそらく一番気になってらっしゃるでしょうから、入ってご覧ください。
- 이제 곧 연극이 시작될 텐데 화장실에 갔다 올 시간이 될까?
  もうすぐ演劇が始まるけど、トイレに行ってくる時間あるかな。
- 똑똑한 학생들도 많을 텐데 네가 꼭 그 일을 해야 하니?
  賢い学生も多いだろうに、絶対に君がその仕事をしなければならないのかい。

02 짧게 잘라 주세요

학습 목표 ● 과제 편의 시설 이용하기 ● 문법 -거든요, -고말고요 ● 어휘 편의 시설 이용 관련 어휘

리에는 머리를 어떻게 하고 싶어합니까?
여러분은 한국에서 미용실에 가 본 적이 있습니까?

CD1:14~15

미용사 어떻게 해 드릴까요?

리에 짧게 잘라 주세요. 앞머리가 자꾸 눈을 찌르거든요. 염색도 해 주시고요.

미용사 염색은 어떤 색으로 할까요? 요즘은 밝은 색이 유행인데요.

리에 저는 항상 짙은 갈색으로 염색했는데 밝은 색도 어울릴까요?

미용사 그럼요, 어울리고말고요.

리에 그럼 밝은 색으로 해 주세요.

앞머리
前髪

찌르다
刺す、突く、突つく、突き刺す

염색
染色、髪染め

짙다
濃い

갈색
茶色

어휘

01 [보기]에서 알맞은 어휘를 골라 적당한 곳에 쓰십시오.

[보기] 염색하다　　드라이클리닝하다　　다림질을 하다
머리를 다듬다　　굽을 갈다　　파마를 하다

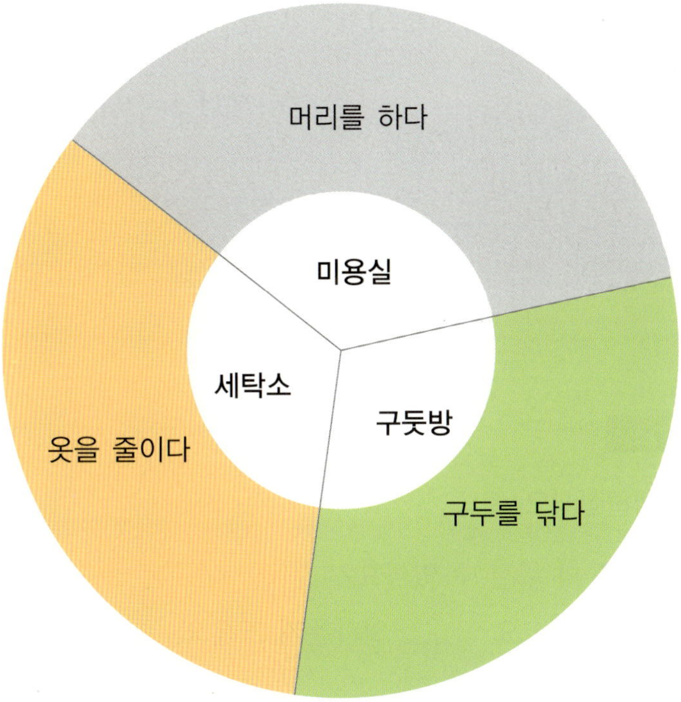

02 [보기]에서 알맞은 어휘를 골라 빈칸에 쓰십시오.

[보기] 자르다　　펴다　　말리다　　미용실　　미용사　　드라이

미선 씨는 오늘 친구와 같이 1) 미용실에 갔다. 머리 색깔과 모양을 바꾸고 싶어서였다. 미선 씨는 긴 머리를 짧게 2) ______ 고 염색도 했다. 미선 씨 친구는 원래 곱슬머리여서 머리를 3) ______ 는/ㄴ 스트레이트 파마를 했다. 마지막으로 4) ______ 이/가 미선 씨와 미선 씨 친구 머리를 예쁘게 5) ______ 을/를 해 주었다. 두 사람은 모두 달라진 모습에 만족했다.

문법 연습

-거든요

01 '-거든요'를 사용하여 이야기를 완성하십시오.

빨간 모자는 빵과 포도주를 들고 할머니 댁에 갔어요. 1) 엄마 심부름이었거든요. 늑대는 빨간 모자에게 어디에 가냐고 물었어요. 2) ______________ (궁금했다). 늑대는 할머니 댁에 가서 할머니를 잡아먹고 할머니 침대에 누워 있었어요. 빨간 모자도 잡아먹고 3) ______________ (싶었다). 빨간 모자를 잡아먹은 늑대는 졸려서 잠이 들었어요. 배가 4) ______________ (불렀다).

-고말고요

02 대화를 완성하십시오.

1) 가 : 커피 좀 더 주실 수 있어요?
   나 : 더 드리고말고요. 얼마든지 드세요.

2) 가 : 그 사람을 잘 아시지요?
   나 : 네, ______________. 아주 좋은 사람이에요.

3) 가 : 지갑을 놓고 왔는데 돈은 나중에 드려도 될까요?
   나 : 그럼요, ______________. 다음에 오실 때 주세요.

4) 가 : 사전을 놓고 와서 그러는데, 잠깐 빌려주실 수 있어요?
   나 : ______________. ______________

과제 1 말하기

한 사람은 주인, 한 사람은 손님이 되어 대화를 만들어 봅시다.

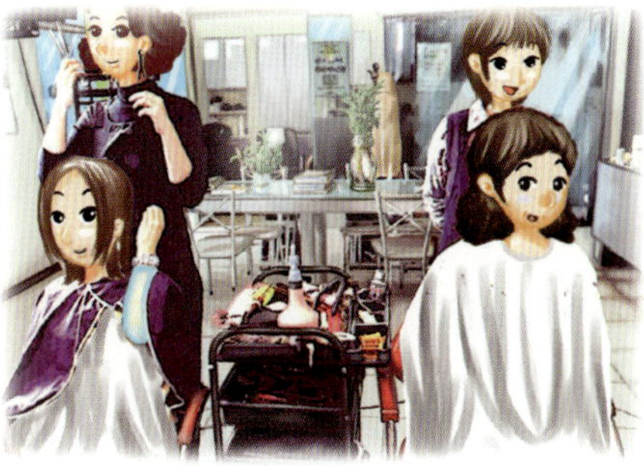

손님 : 머리 좀 다듬어 주세요.
주인 : 짧게 자르시는 건 어때요?
요즘 **유행이거든요.**
손님 : 저한테 잘 어울릴까요?
주인 : **어울리고말고요.**

손님 : 아저씨, ...
어/아/여 주세요.
.... 거든요.
주인 : 네, ... 고말고요.

손님 : .... 어/아/여 주세요.
주인 : 네, ... 고말고요.

과제 2 읽고 듣기 [CD1:16]

01 다음을 읽고 질문에 답하십시오.

집에서 하기 힘든
인형, 운동화, 카펫 세탁 어떻게 하세요?
이제 '깨끗한 세탁소'가 도와드리겠습니다!

인형 세탁

너무 커서 세탁기에 들어가지 않는 인형도 세탁해 드립니다!

카펫 & 커튼 세탁

두꺼운 카펫과 커튼은 집에서 세탁하기 힘드시지요?

150㎠ 미만	15,000원
150–200㎠	20,000원
200㎠ 이상	30,000원

카펫 두께 및 더러운 정도에 따라 가격이 올라갈 수 있습니다.

운동화 세탁

운동화에서 냄새가 나거나 운동화가 너무 더러운가요? 나쁜 냄새를 없애고 새 운동화처럼 깨끗하게 만들어 드립니다.

세탁물이 무거우면 직접 가지고 오시지 않아도 됩니다.
전화만 주시면 저희 직원이 댁으로 찾아뵙겠습니다.

1) 무엇을 하는 곳입니까?

2) 이곳에 맡길 수 있는 물건으로 좋은 것을 고르십시오. (　　　)

❶ 겨울 동안 덮고 자던 이불
❷ 물로 빨기 어려운 고급 옷
❸ 오래 신어서 색깔이 변한 구두
❹ 동생이 오랫동안 가지고 놀던 곰 인형

3) 위의 가게에 대한 설명으로 **맞지 않는** 것을 고르십시오. (   )

❶ 커다란 커튼을 맡길 수 있다.
❷ 운동화의 냄새를 없앨 수 있다.
❸ 카펫이 더러우면 돈을 더 내야 한다.
❹ 세탁물을 세탁소에 꼭 직접 가지고 가야 한다.

02 대화를 듣고 질문에 답하십시오.

1) 남자는 왜 전화했습니까?

2) 이 세탁소에 대한 설명으로 맞는 것을 고르십시오. (   )

❶ 세탁 기간은 1-2일이다.
❷ 커튼 세탁은 하지 않는다.
❸ 세탁한 후에 집까지 배달해 준다.
❹ 돈은 세탁하기 전에 먼저 내야 한다.

두께 厚さ **덮다** かぶせる **세탁물** 洗濯物

会話

美容師	どのようにいたしましょうか。
りえ	短く切ってください。前髪がよく目をつつくんですよ。髪も染めてください。
美容師	どんな色に染めましょうか。最近は明るい色が流行っていますが。
りえ	私はいつも濃い茶色に染めていましたが、明るい色も似合うでしょうか。
美容師	もちろんですよ。似合いますとも。
りえ	じゃあ、明るい色にしてください。

문법 설명

01 -거든요

先に言った内容について、または相手の質問に対して、その理由や自分の考えなどを追加するときに用いる。動詞や形容詞の語幹の後ろに付く。

- 따뜻한 옷을 많이 가지고 가세요. 거긴 많이 춥거든요.
  暖かい服をたくさん持っていってください。そこはとても寒いんですよ。
- 그 가게에는 손님이 없어요. 비싸거든요.
  その店にはお客がいません。高いんですよ。
- 저는 그 친구를 아직 잘 몰라요. 만난 지 얼마 안 됐거든요.
  私はあの友達のことをまだよく知りません。会ってからまだいく日もたってませんから。

- 가 : 오늘 아주 피곤해 보이네요.
  나 : 네, 좀 피곤해요. 어젯밤에 잠을 못 잤거든요.

A: 今日はとても疲れているように見えますね。
B: はい、ちょっと疲れました。昨夜眠れなかったんです。

02 -고말고요

相手の質問や、先に言った内容について同意するときに用いられる。'정말 그렇다, 그렇게 하겠다'の意味を表す。動詞や形容詞の語幹に付く。

- 가 : 한국이 그렇게 좋아요?
  나 : 좋고말고요. 한국말, 한국사람, 한국 음식, 다 좋아요.

A: 韓国がそんなに好きですか。
B: 好きですとも。韓国語、韓国人、韓国料理、みんな好きです。

- 가 : 그 친구가 그렇게 똑똑해요?
  나 : 똑똑하고말고요. 모르는 것이 없다니까요.

A: その友達はそんなに賢いのですか。
B: 賢いですとも。知らないことがないんですよ。

- 가 : 지난번에 빌려준 책 다 읽었어?
  나 : 다 읽고말고요. 너무 재미있어서 다섯 번이나 읽었는걸요.

A: このあいだ貸した本、全部読んだ?
B: 全部読みましたとも。とても面白くて5回も読んだんですよ。

- 가 : 이거, 청첩장이야. 내 결혼식에 꼭 와 줄 거지?
  나 : 그럼, 가고말고. 네 결혼식에 내가 빠지면 되겠니?

A: これ、結婚の招待状よ。あたしの結婚式に必ず来てくれるでしょ。
B: もちろん行くわよ。あなたの結婚式にあたしが抜けたらだめでしょ。

03 광고를 보고 왔는데요

학습 목표 ● 과제 아르바이트 구하기 ● 문법 -었었-, -던데 ● 어휘 취업 관련 어휘

두 사람은 무엇을 하고 있습니까?
여러분은 아르바이트를 해 본 경험이 있습니까?

CD1:17~18

학생　실례합니다. 아르바이트 할 사람을 구한다는 광고를 보고 왔는데요.
주인　아, 그래요? 초보자가 하기는 힘든 일인데 경험은 있나요?
학생　얼마 전까지 이런 일을 했었어요.
주인　우리 가게는 근무 시간이 좀 길어서 다들 힘들어하던데 괜찮겠어요?
학생　네, 괜찮습니다. 열심히 하겠습니다.
주인　그럼 내일부터 같이 일을 하는 것으로 합시다.

구하다
探す、求める、手にいれる

초보자
初心者

경험
経験

근무 시간
勤務時間

다들
みんな

어휘

01 관계있는 어휘를 골라 연결하십시오.

초보자 • ···········	• 일을 처음 시작하는 사람이에요.
경력자 •	• 지금까지 다닌 학교와 경력을 썼어요.
이력서 •	• 전에 이런 일을 한 적이 있는 사람이에요.
시간제 •	• 일을 하고 받는 돈이에요.
보수 •	• 내가 어떤 사람인지 알리는 글이에요.
자기 소개서 •	• 일하는 시간만큼 돈을 받아요.

02 빈칸에 알맞은 어휘를 쓰십시오.

신촌 식당에서 같이 일할 분을 찾습니다.

- 하는 일 : 배달 (오토바이 면허 소지자)
- 근무 시간 : 오후 1시~ 오후 5시
- ________ : 시간당 4,000원
- ____________ 환영
- ____________ 가능

문법 연습

-었었/았었/였었-

01 표를 채우고 문장을 완성하십시오.

	질문	대답
1)	옛날에 자주 했지만 지금 하지 않는 운동이 있습니까?	탁구
2)	어렸을 때 안 먹었지만 지금 잘 먹는 음식이 있습니까?	
3)	한국에 오기 전에는 했지만 지금은 하지 않는 것이 있습니까?	
4)	작년과 지금을 비교해 보십시오. 달라진 것이 있습니까?	

1) 지금은 바빠서 못 치지만 옛날에는 탁구를 자주 쳤었다.

2) 지금은 잘 먹지만 ____________________

3) ____________________

4) ____________________

-던데

02 다음 그림을 보고 대화를 완성하십시오.

❶

어제

가 : 우리 숙제 같이 하자.
그런데 어디에서 할까?

나 : 내가 어제 간 카페가 조용하던데 거기 가자.

❷

10분 전

가 : 마리아가 ________던데 무슨 일이야?

나 : 나도 모르겠어. 안 좋은 일이 생긴 것 같아.

❸

가 : 혹시 프랑스어 할 줄 알아?

나 : 아니. 웨이 씨가 ________ 웨이 씨한테 물어봐.

❹

가 : 우리 저 식당에서 점심 먹자.

나 : 지난번에 가 보니까 저 식당은 너무 ________ 다른 식당에 가자.

과제 1 말하기

아르바이트를 구하기 위해 상담실 선생님을 찾아갔습니다. 선생님의 아르바이트 정보를 보고 〈보기〉와 같이 대화해 봅시다.

아르바이트 정보

꽃가게
근무시간 : 오후 3시~8시
업 무 : 꽃배달
조 건 : 오토바이 운전면허가 있는 사람
남학생
보 수 : 시간당 7,000원

학교 사무실
근무시간 : 오후 2시~6시
업 무 : 간단한 번역 업무와 전화 업무
조 건 : 일본어 가능한 학생
일본인의 경우 한국어 능통자
3개월 이상 근무 가능한 사람
면접 있음
보 수 : 시간당 3,000원

교내식당
근무시간 : 오전 근무(9시~1시)와 오후 근무(1시~6시)
업 무 : 주문받는 일
조 건 : 6개월 이상 일할 수 있는 사람만 가능
보 수 : 시간당 3,000원

면세점
근무시간 : 오후 3시~8시
업 무 : 물건 판매와 간단한 통역
조 건 : 중국인, 일본인 학생 모집
한국어 능통자
판매 경험이 있는 사람 우대
1년 이상 일할 수 있는 사람 우대
여학생 우대
보 수 : 시간당 3,000원

[보기] 리 에 : 안녕하세요? 아르바이트 자리를 구하고 싶어서 왔는데요.
선생님 : 그래요? 한국에서 아르바이트를 한 경험이 있나요?
리 에 : 아니요. 한국에 오기 전에는 일본에 있는 은행에서 **일했었어요.**
선생님 : 그러면 사무실에서 일해 보는 것이 어때요? 번역 일이에요.
리 에 : 번역보다는 한국 사람과 말할 기회가 있는 일을 하고 싶은데요.
선생님 : 면세점에서는 한국 사람과 말할 기회가 많다고 **하던데** 면세점은 어때요? 근무 시간은 3시부터 8시까지예요.
리 에 : 괜찮을 것 같은데요.
선생님 : 그럼 면세점에 지원하는 것으로 합시다.

업무 業務 **능통자** 熟練者 **면접** 面接 **판매** 販売 **지원하다** 支援する

과제 2 듣고 말하기 [CD1:19]

01 대화를 듣고 질문에 답하십시오.

1) 무엇에 대한 이야기입니까? (   )

❶ 꽃가게　　❷ 꽃배달

❸ 아르바이트의 어려움　　❹ 아르바이트 찾기

2) 들은 내용과 같으면 ○, 다르면 ×표시를 하십시오.

❶ 남자는 아르바이트 자리를 구하고 있다. (   )

❷ 이 일을 하면 시간당 6,000원을 받을 수 있다. (   )

❸ 남자는 이 일을 해야 할지 안 해야 할지 생각 중이다. (   )

❹ 이 일을 하기 위해서는 자동차 운전면허증이 필요하다. (   )

02 리에 씨가 아르바이트를 찾고 있습니다. 다음의 정보를 가지고 리에 씨와 가게 주인이 되어 이야기해 봅시다.

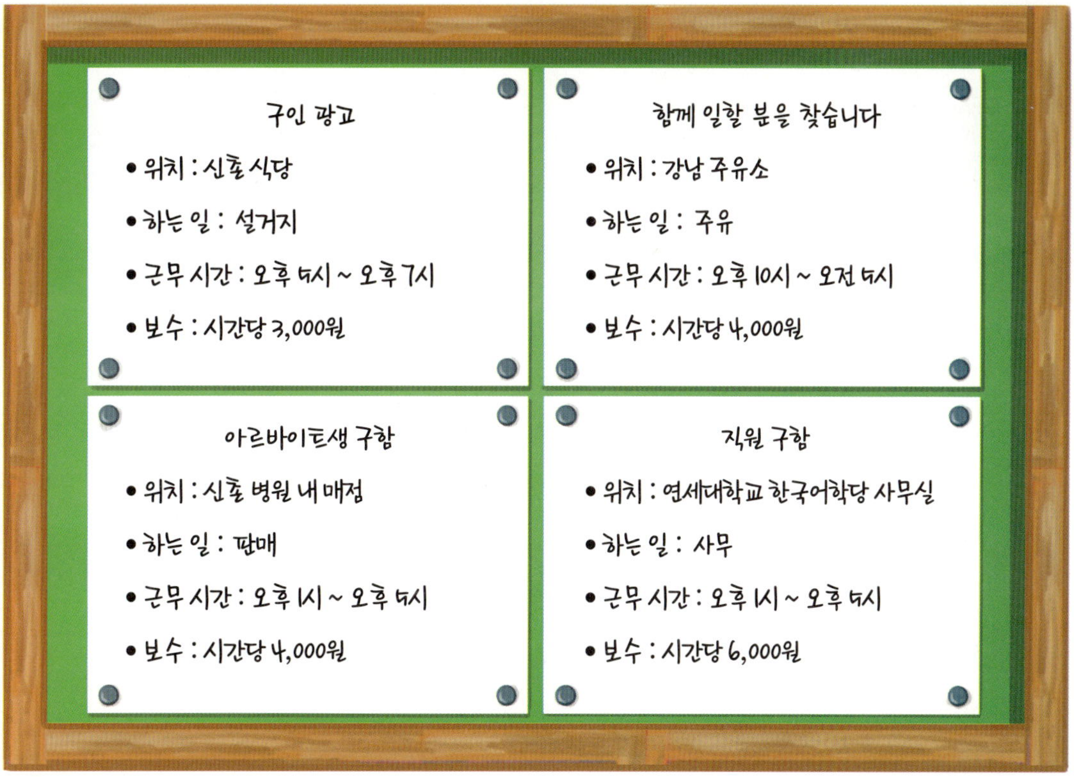

구인 광고 求人広告 **주유** 給油 **매점** 売店

会話

学生	失礼します。アルバイトを探してるという広告を見て来たんですが。
店の主人	ああ、そうですか。初心者にはつらい仕事ですが、経験はありますか。
学生	少し前までこういった仕事をしていました。
店の主人	うちの店は勤務時間がちょっと長いので、みんな苦労していましたが、大丈夫ですか。
学生	はい、大丈夫です。一生懸命やります。
店の主人	じゃあ、明日から一緒に仕事をすることにしましょう。

문법 설명

01 -었었/았었/였었-

過去にある事柄があり、その後状況が変ったときに用いられる。動詞や形容詞の語幹の後ろに付く。'아, 야, 오' 以外の母音で終わる動詞・形容詞の語幹の後ろには '-었었-' が、'아, 야, 오' で終わる動詞・形容詞の語幹の後ろには '-았었-' が、'하다' 動詞の語幹の後ろには '-였었-' が付く。

- 작년 여름은 날씨가 좋았었다. 昨年の夏は天気がよかった。
- 지난 주말에 많이 아팠었다. 先週末、体の具合いがすごく悪かった。
- 어렸을 때는 이 음식을 자주 먹었었다. 幼いときは、この食物をよく食べていた。

- 나는 그 회사에서 일했었다. 私はその会社で働いていた。
- 그 사람이 아침에 사무실에 왔었다. その人は朝、事務室に来ていた。
- 지난 방학에 제주도에 갔었다. この間の学校の休みにチェジュドに行っていた。

02 –던데

話し手の経験を元にして、相手に提案したり、すすめたりするときに用いられる。動詞や形容詞の語幹の後ろに付く。

- 가 : 오늘 점심은 어디에서 먹을까요?
  나 : 학교 앞에 새로 생긴 식당 음식이 맛있던데 그 식당에 갑시다.

  A: 今日のお昼はどこで食べましょうか。
  B: 学校の前に新しくできた食堂がおいしかったんですけど、その食堂に行きましょう。

- 가 : 이 단어가 무슨 뜻인지 모르겠어요.
  나 : 저도 모르겠는데요. 리에 씨가 사전을 가지고 있던데 빌려 달라고 하세요.

  A: この単語が何の意味なのかわかりません。
  B: 私もわかりません。理絵さんが辞典を持っていたので、貸してくれるようおっしゃってください。

- 가 : 마리아 씨가 아까 급하게 뛰어 가던데 무슨 일이 있나요?
  나 : 지갑을 잃어버렸나 봐요.

  A: マリアさんがさっき急いで走っていきましたが、何かあったんですか。
  B: 財布をなくしたようです。

- 가 : 컴퓨터를 새로 사려고 해요.
  나 : 웨이 씨가 컴퓨터에 대해서 잘 알던데 웨이씨한테 도와 달라고 하세요.

  A: コンピューターを新しく買おうと思います。
  B: ウェイさんがコンピューターについてよく知っているので、ウェイさんに手伝ってくれるようおっしゃってください。

04 전화가 걸리지 않아요

학습 목표 ● 과제 수리 요청하기 ● 문법 피동, -어 놓다 ● 어휘 고장 및 수리 관련 어휘

여기는 어디입니까?
물건이 고장나면 어떻게 합니까?

(전화가) 걸리다
(電話が)かかる

수리
修理

들다
(お金が)かかる

구입하다
購入する

맡기다
預ける

CD1:02~21

리에 휴대전화기 좀 고치러 왔는데요.
산 지 얼마 안 됐는데 전화가 걸리지 않아요.

직원 어디 좀 봅시다. 프로그램에 문제가 있는 것 같네요.

리에 수리 비용은 얼마나 들까요?

직원 구입한 지 일 년이 안 되셨으니까 무료입니다.

리에 지금 맡기면 언제 찾을 수 있어요?

직원 한 시간 후에 오십시오. 그 때까지 고쳐 놓겠습니다.

어휘

01 [보기]에서 알맞은 어휘를 골라 빈칸에 쓰십시오.

[보기]
고장나다/이상이 있다 사용 설명서를 보다 전화로 문의하다 서비스 센터에 맡기다
수리를 요청하다 서비스 센터에서 찾다 수리를 받다 수리를 하다

고장나다/이상이 있다

수리를 받다

02 빈칸에 알맞은 어휘를 쓰십시오.

1) 자동차를 잘 알면 이상이 있을 ~~을/ㄹ~~ 때 직접 고칠 수도 있다.
2) 이번에 회사 화장실을 깨끗하게 .... 기로 했다.
3) 서비스 센터에 수리를 요청하기 전에 .... 으세요/세요.
4) 자전거가 고장이 나서 자전거 수리 센터에 .... 으러/러 갔다.
5) 어제 시계를 새로 샀는데 시간이 잘 맞지 않는다. 시계가 .... 는/은/ㄴ 것 같다.

문법 연습

피동

01 다음 그림을 보고 문장을 완성하십시오.

1) 음악 소리가 들린다 .
2) 창 밖으로 63빌딩이 ....
3) 책상 위에는 ....
4) 책장에는 책이 ....

-어/아/여 놓다

02 다음 메모를 보고 대화를 완성하십시오.

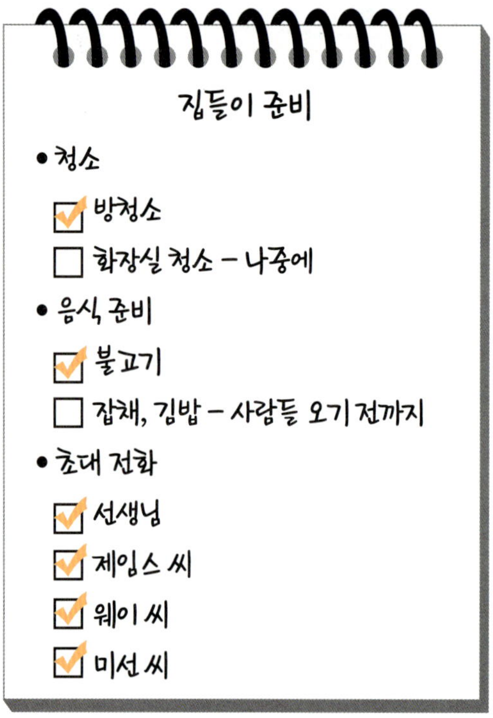

가: 방 청소는 다 했어?
나: 1)오늘 아침에 다 해 놓았어.
가: 화장실 청소도 했지?
나: 아니 아직. 이따가 2) ....
....
가: 음식 준비는 어떻게 됐어? 불고기는 어제 만들었고 잡채하고 김밥은?
나: 응, 3) ....
가: 사람들한테 전화도 다 했지?
나: 4) ....
....

과제 1 쓰기

휴대 전화에 어떤 문제가 생겼는지 [보기1]에서 단어를 찾아 알맞은 형태로 바꿔 쓰십시오. 그리고 어떤 것을 점검해 봐야 할지 [보기2]에서 찾아 써 봅시다.

[보기1]

걸다 듣다
켜다 찍다
누르다

[보기2]

- 배터리를 다시 잘 끼워 보십시오.
- 전화번호를 확인해 보십시오.
- 통화 음량 조절 버튼을 눌러 보십시오.
- 자판을 청소해 보십시오.
- 카메라 렌즈에 먼지가 있는지 확인하십시오.

문제점	제안
휴대 전화가 켜지지 않아요.	• 배터리를 충전하십시오. • ________
전화가 ________지 않아요.	• 다시 걸어 보십시오. • ________
상대방 목소리가 ________지 않아요.	• 전화를 다시 걸어 보십시오. • ________
번호 키가 잘 눌러지지 않아요.	• 물에 빠뜨린 적이 있는지 확인해 보십시오. • ________
사진이 잘 ________지 않아요.	• 주변이 너무 어둡지 않은지 확인하십시오. • ________

배터리 バッテリー　**충전하다** 充電する　**자판** ボタン、入力キー

과제 2 읽고 말하기

01 다음을 읽고 질문에 답하십시오.

〈사용시 주의 사항〉

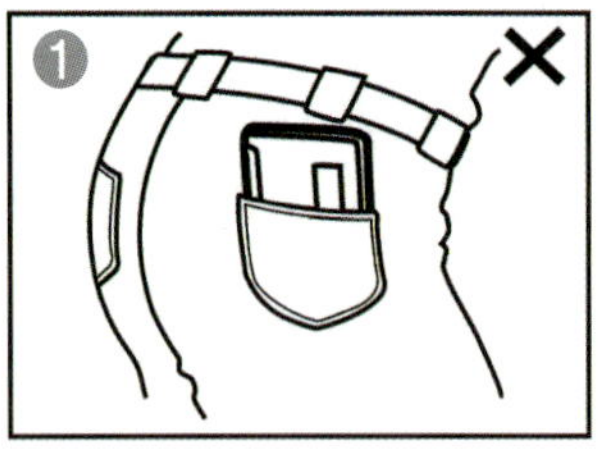

바지 뒷주머니에 넣지 마십시오.
앉을 때 화면 부분이 깨질 수 있습니다.

온도가 높은 곳에 두지 마십시오.
햇볕이 들어오는 곳에 오래 두지 마십시오.

물로 닦거나 젖은 수건으로 닦지 마십시오.

화면 부분은 유리로 되어 있으므로 세게 누르지 마십시오.

자판을 뾰족한 것으로 누르거나 아주 세게 누르지 마십시오. 자판이 고장 날 수 있습니다.

1) 이 기계를 사용할 때 주의할 점으로 <u>**말하지 않은**</u> 것을 고르십시오. (　　　)

❶ 난방 기구 위에 오래 두면 안 된다.
❷ 실수로 떨어뜨리지 않게 주의해야 한다.
❸ 앉을 때 깔고 앉지 않게 주의해야 한다.
❹ 이 기계에 물이 떨어지지 않게 주의해야 한다.

2) 이 기계를 잘 사용하고 있는 사람은 누구입니까? (　　　)

❶ 마리아 씨는 이 기계를 마른 수건으로 닦는다.
❷ 영수 씨는 가끔 볼펜으로 자판을 누르기도 한다.
❸ 정희 씨는 기계를 청소하기 위해 물휴지로 닦는다.
❹ 미선 씨는 이 기계를 바지 뒷주머니에 넣고 다닌다.

02 다음 질문에 답해 보십시오.

1) 여러분이 가지고 있는 기계가 고장이 난 적이 있습니까? 어떤 고장이었습니까?

- ☐ 이상한 소리가 난다.
- ☐ 전원이 나갔다.
- ☐ 작동이 안 된다.
- ☐ 화면이 안 뜬다.
- ☐ 기타 ....

2) [보기]와 같이 수리 센터에 수리를 요청해 봅시다.

[보기]

제 전자 사전에 이상이 있는 것 같아요. 자판을 눌러도 화면에 글자가 나타나질 않아요. 화면의 액정 부분이 고장인 것 같아요. 동생이 액정 부분에 물건을 떨어뜨렸거든요. 고칠 수 있을까요? 고치려면 제가 직접 가야 하나요? 택배로 보내도 될까요? 전자 사전을 당장 써야 하는데 제가 서비스 센터까지 갈 시간이 없거든요. 고치려면 며칠이나 걸릴까요? 고칠 수 없는 것은 아니지요?

제 .... 에 이상이 있는 것 같아요. ....

....

....

....

....

온도 温度 **젖다** 濡れる **화면** 画面、ディスプレイ **뾰족하다** 突つき出でている **액정** 液晶 **작동** 作動

会話

りえ　携帯をちょっと直しに来たんですが。
買ってから、まだあまり日が経っていないのですが、
電話がかからないのです。

職員　どれどれ、ちょっと見てみましょう。
プログラムに問題があるようですね。

りえ　修理代はどのぐらいかかるでしょうか。

職員　購入してから1年経っていませんから、無料です。

りえ　今、預けたら、いつ取りに来ればいいですか。

職員　1時間後に来てください。それまでに直しておきます。

문법 설명

01 피동

受け身

韓国語では、動詞に‘이, 히, 리, 기’などを付けると、他人が行なう行為や動作によって影響を受ける意味を表す。

[피동]	보다–보이다	쌓다–쌓이다	놓다–놓이다	바꾸다–바뀌다
	잡다–잡히다	읽다–읽히다	밟다–밟히다	먹다–먹히다
	걸다–걸리다	팔다–팔리다	열다–열리다	듣다–들리다
	안다–안기다	씻다–씻기다	쫓다–쫓기다	끊다–끊기다

- 우리 교실에서는 기숙사가 보인다. 私たちの教室からは寄宿舎が見えます。
- 어제 경찰에 잡힌 도둑은 60대의 할머니였다. 昨日警察に捕えられたどろぼうは60代のおばあさんだった。
- 주위가 너무 시끄러워서 전화 소리가 잘 안 들린다. まわりがあまりにもうるさくて電話の声がよく聞こえない。
- 엄마 품에 안겨 있는 아이의 모습이 정말 예뻤다. 母親の胸にている子供の姿が本当に可愛らしい。

02 –어/아/여 놓다

ある事をする前に、それと関連した準備の行為を終え、その状態が維持されるようにするとき用いられる。動詞の語幹の後ろに付く。'아, 야, 오' 以外の母音で終わる動詞の語幹の後ろには '–어 놓다' が、'아, 야, 오' で終わる動詞の語幹の後ろには '-아 놓다' が付き、'하다' 動詞の語幹の後ろには '–여 놓다' が付く。

- 아이들 간식은 만들어 놓았으니까 이따가 좀 챙겨 주세요. 子供たちのおやつを作っておきましたから、あとであげてください。
- 빨래할 옷은 세탁기 옆 바구니에 넣어 놓으시면 빨아 드립니다. 洗濯する服は洗濯機の横のかごに入れておいてくだされば、洗ってさしあげます。
- 틀린 부분은 고쳐 놓았으니까 집에서 다시 공부하세요. 間違えたところは直しておきましたから、家でもう一度勉強してください。
- 비행기 표는 예약해 놓았는데 회사일 때문에 여행을 갈 수 있을지 모르겠어. 航空券は予約しておいたのだが、会社の仕事で旅行に行けるかどうかわからない。

05 정리해 봅시다

01 다음 상황에서 가야할 곳을 쓰십시오. 그리고 그곳에서는 어떤 일을 하는지 [보기]에서 골라 쓰십시오.

[보기] 옷을 줄여 줍니다. 핸드폰 액세서리를 팝니다. 가방을 고쳐 줍니다. 머리를 염색해 줍니다. 이삿짐을 보관해 줍니다.

1) 머리를 다듬고 싶습니다. → 미장원 : 머리를 염색해 줍니다.
2) 이사를 하고 싶습니다. → ______ : ______
3) 옷에 묻은 얼룩이 지워지지 않아요. → ______ : ______
4) 구두가 더러워서 닦아야 해요. → ______ : ______
5) 휴대 전화 전원이 안 켜져요. → ______ : ______

02 다음 표현을 사용하여 대화를 완성하십시오.

-으려던 참이다 -을 텐데 -거든요 -고말고요 -었었다 -던데 -어 놓다

왕웨이 : 리에 씨, 저 왕웨이인데요.
리에 : 왕웨이 씨, 안 그래도 지금 막 ______(전화하다) 었어요/았어요/였어요.
오늘 친구들이랑 저희 집 집들이에 오실 거지요?
왕웨이 : 그럼요, ______(가다). 그런데 저는 회사 일이 좀 늦게 끝날 것 같아요.
저녁에 회의가 ______(있다). 회의가 끝나고 가면 좀 ______(늦다)
괜찮을까요?
리에 : 늦게 와도 괜찮으니까 걱정 말고 오세요.
왕웨이 : 미안해요. 회의가 끝나는 대로 바로 갈 테니까 음식 좀 남겨 주세요.
리에 : 왕웨이 씨 음식은 따로 ______(준비하다) 을/ㄹ 테니까 걱정 마세요.

03 한국이나 여러분의 나라에서 아르바이트를 해 본 일이 있습니까?
있으면 여러분의 경험을 이야기해 보십시오.
없으면 어떤 일을 해 보고 싶은지 이야기해 보십시오.

이사 떡 [CD1:22]

한국에는 새 집으로 이사를 가면 이웃에게 이사 떡을 돌리는 풍습이 있습니다. 이사 떡을 돌리면서 새로 이사 간 집 근처에 사는 이웃 사람들에게 인사를 하는 것입니다. 이사 떡으로는 보통 아래의 그림과 같이 팥으로 만든 팥 시루떡을 돌렸습니다. 팥은 붉은 색이 나는 콩의 한 종류이고, 시루는 떡을 만드는 한국 전통의 조리 기구입니다. 팥 시루떡은 한국 사람들에게 가장 친근한 떡입니다. 팥의 붉은색이 나쁜 귀신을 쫓는다고 하여 한국 사람들은 집을 지을 때, 이사했을 때 이 떡을 만들어 먹곤 했습니다. 이웃에게 이사 떡을 돌릴 때는 보통 다음과 같은 인사를 함께 합니다. 여러분도 한 번 연습해 보십시오.

팥 시루떡

"안녕하세요? 옆집에 이사 온 사람입니다. 앞으로 잘 부탁드립니다."

"처음 뵙겠습니다. 오늘 이사 온 ○○○입니다. 이거 떡인데 좀 드셔 보세요."

"안녕하세요? 처음 뵙겠습니다. 오늘 이사 왔는데 앞으로 잘 부탁드립니다."

"..."

1. 여러분의 나라에도 이사할 때 한국의 이사 떡 돌리기와 같은 풍습이 있습니까? 있으면 한국의 풍습과 비교하여 소개해 봅시다.

2. 여러분의 나라에는 일상생활에서 그 밖에 어떤 풍습이 있습니까? 한 가지를 조사하여 발표해 봅시다.

돌리다 まわす、配る　**팥** あずき　**시루** 蒸し器　**조리 기구** 調理器具

제3과 건강

01 건강해야 뭐든지 할 수 있어요

학습 목표 ● 과제 건강에 대한 관심 이야기하기 ● 문법 -어야, -는다면 ● 어휘 건강 관련 어휘

제임스 씨는 지금 어떤 것 같습니까?
여러분은 한국에 와서 아픈 적이 있습니까?

CD1:23~24

미선 제임스 씨, 어디 가세요?

제임스 몸이 좀 아파서 병원에 갔다 오는 길이에요.

미선 안색이 안 좋은데 많이 아파요?

제임스 네, 지난주에 과로를 해서 몸살이 난 것 같아요.

미선 몸이 건강해야 뭐든지 할 수 있으니까 무리하지 마세요.

제임스 네, 맞아요. 뭐니 뭐니 해도 건강이 제일이지요.
건강을 잃는다면 뭘 할 수 있겠어요?

안색
顔色

몸살이 나다
モムサル(悪寒・疲労をともなう風邪)になる

무리하다
無理をする

뭐니 뭐니 해도
何と言っても

잃다
なくす、失う

어휘

01 [보기]에서 알맞은 어휘를 골라 빈칸에 쓰십시오.

[보기] 스트레스 불면증 흡연 비만 고혈압 운동 부족

원인	운동을 잘 안 해요.	→	운동 부족
	고민, 걱정 때문에 이것을 받아요.	→	
	담배를 피워요.	→	
증상	체중이 너무 많이 나가요.	→	
	혈압이 너무 높아요.	→	
	잠을 못 자요.	→	

02 빈칸에 알맞은 어휘를 쓰십시오.

1) 제임스 씨는 요즘 회사 일이 바빠서 ___스트레스___ ~~이~~/가 많이 쌓였습니다.
2) __________ 은/는 나뿐만 아니라 주위 사람의 건강도 해칩니다.
3) 사무실에 앉아서 일만 하면 __________ 이/가 되기 쉽습니다.
4) 기름이 많은 음식을 자주 먹으면 __________ 이/가 될 수 있습니다.
5) __________ 이/가 있는 사람은 커피를 많이 마시지 않는 것이 좋습니다.

문법 연습

-어야/아야/여야

01 관계있는 것을 연결해서 문장을 만드십시오.

1) 매일 운동을 하다 •　　　• 주말에 마음놓고 쉴 수 있어요.

2) 약을 먹다 •　　　• 학교에 지각하지 않을 거예요.

3) 오늘까지 이 일을 끝내다 •　　　• 빨리 나을 거예요.

4) 아침 8시에 집에서 나오다 •　　　• 건강하게 지낼 수 있어요.

1) 매일 운동을 해야 건강하게 지낼 수 있어요.

2) ....

3) ....

4) ....

-는다면/ㄴ다면/다면

02 여러분이 다음과 같은 경우라면 무엇을 하겠습니까? 빈칸에 쓰십시오.

1)	세상에서 돈이 제일 많은 사람이다.
2)	영원히 살 수 있다.
3)	일년 동안 휴가를 간다.
4)	타임머신이 있다.

1) 내가 세상에서 돈이 제일 많은 사람이라면 가난한 사람들을 도와 줄 거예요.

2) ....

3) ....

4) ....

과제 1 쓰기

리에는 건강 때문에 고민입니다. 리에의 고민을 해결할 수 있는 좋은 방법을 표에 써 봅시다.

[리에의 고민]
나는 요즘 건강이 나빠진 것 같아 걱정이다. 몸무게도 많이 늘었고 날씨가 조금만 추워져도 감기에 잘 걸린다. 학교 공부가 끝나면 너무 피곤해서 낮잠을 조금 자는데, 밤에는 잠이 오지 않는다. 밤에 잠을 잘 못 자니까 항상 피곤하다. 또 밤 11시가 넘으면 배가 고파서 라면을 먹는다. 라면 때문에 살이 찌는 걸까?

리에의 고민	몸무게가 많이 늘었어요.	감기에 자주 걸려요.	밤에 잠을 잘 못 자요.
해결 방법	밤에 라면을 안 **먹어야** 살이 빠질 거예요.		

과제 2 듣고 말하기 [CD1:25]

01 이야기를 듣고 질문에 답하십시오.

1) 제임스 씨의 생활 습관과 같으면 ○, 다르면 ×표시를 하십시오.

❶ 담배를 피우지 않는다. (　　)
❷ 술을 자주 마신다. (　　)
❸ 운동을 적당하게 한다. (　　)
❹ 과로는 절대로 하지 않는다. (　　)

2) 만일 여러분이 의사라면 제임스 씨에게 어떻게 이야기하시겠습니까? 그 내용을 쓰고 발표해 봅시다.

술	
음식	
담배	
일	
기타 생활 습관	

야근 残業、夜勤 **유혹** 誘惑 **뿌리치다** 振り払う **충고** 忠告

02 건강에 대한 평소의 관심에 대해 이야기해 봅시다.

1) 다음의 표에 표시한 후 그 내용을 점수로 계산해 봅시다.

술을 자주 마십니까?	매우 그렇다 ❶	조금 그렇다 ❷	보통이다 ❸	별로 그렇지 않다 ❹	매우 그렇지 않다 ❺
담배를 자주 피웁니까?	매우 그렇다 ❶	조금 그렇다 ❷	보통이다 ❸	별로 그렇지 않다 ❹	매우 그렇지 않다 ❺
커피나 탄산음료를 자주 먹습니까?	매우 그렇다 ❶	조금 그렇다 ❷	보통이다 ❸	별로 그렇지 않다 ❹	매우 그렇지 않다 ❺
스트레스가 많습니까?	매우 그렇다 ❶	조금 그렇다 ❷	보통이다 ❸	별로 그렇지 않다 ❹	매우 그렇지 않다 ❺
인스턴트 음식을 자주 먹습니까?	매우 그렇다 ❶	조금 그렇다 ❷	보통이다 ❸	별로 그렇지 않다 ❹	매우 그렇지 않다 ❺
가족/친구와의 관계에 문제가 있습니까?	매우 그렇다 ❶	조금 그렇다 ❷	보통이다 ❸	별로 그렇지 않다 ❹	매우 그렇지 않다 ❺
운동을 안 합니까?	매우 그렇다 ❶	조금 그렇다 ❷	보통이다 ❸	별로 그렇지 않다 ❹	매우 그렇지 않다 ❺
잠을 잘 못 잡니까?	매우 그렇다 ❶	조금 그렇다 ❷	보통이다 ❸	별로 그렇지 않다 ❹	매우 그렇지 않다 ❺
일/공부가 재미없습니까?	매우 그렇다 ❶	조금 그렇다 ❷	보통이다 ❸	별로 그렇지 않다 ❹	매우 그렇지 않다 ❺
사랑하는 사람이 없습니까?	매우 그렇다 ❶	조금 그렇다 ❷	보통이다 ❸	별로 그렇지 않다 ❹	매우 그렇지 않다 ❺

총점= (①의 개수×1점)+(②의 개수×3점)+(③의 개수×5점)+(④의 개수×8점)+(⑤의 개수×10점)

총점: ....

2) 여러분의 점수와 친구들의 점수를 비교해 봅시다. 누구의 점수가 제일 높습니까? 아래의 기준을 가지고 여러분의 건강에 관한 관심에 대해서 [보기]와 같이 이야기 해 봅시다.

[기준]

매우 건강하지 않은 생활입니다. 매우 건강한 생활입니다.

[보기]

제 점수는 90점이 나왔는데요. 저는 평소에 건강에 대해 관심이 많은 편입니다. 술은 일주일에 두 번 이상 마시지 않으려고 노력하고 마셔도 과음하지 않습니다. 담배는 피우지 않습니다. 커피와 인스턴트 음식도 가능하면 먹지 않으려고 노력합니다. 일주일에 세 번 이상은 1시간 정도 달리기를 합니다. 일 때문에 스트레스가 좀 있지만 친구나 가족을 만나 즐거운 대화를 하면서 그 스트레스를 풉니다. 늘 바빠서 그런지 밤에는 잠자리에 눕자마자 잠이 드는 편입니다. 일이 재미있냐고요? 물론이지요. 저는 제가 하는 일을 즐기려고 노력합니다.

会話

ミソン	ジェームスさん、どちらへ行かれるんですか。
ジェームス	体の具合いが悪くて、病院に行ってきたところです。
ミソン	顔色がよくありませんが、すごく悪いのですか。
ジェームス	ええ、先週疲れすぎて、モムサルになったようです。
ミソン	体が健康であってこそ、何でもできるのですから、無理をなさらないでください。
ジェームス	ええ、その通りです。何と言っても健康が一番です。健康を失ったら、いったい何ができますか。

문법 설명

01 –어야/아야/여야

先の事実や状況が後の状況の必要条件であるときに用いられる。動詞や形容詞の語幹の後ろに付く。'아, 야, 오' 以外の母音で終わる動詞・形容詞の語幹の後ろには'–어야'が、'아, 야, 오'で終わる動詞・形容詞の語幹の後ろには'–아야'が、'하다'動詞の語幹の後ろには'–여야'が付く。

• 한국에서는 20살이 넘어야 술을 마실 수 있어요.	韓国では20歳以上にならないと、お酒を飲むことはできません。
• 오늘까지 이 일을 끝내야 내일 여행을 갈 수 있어요.	今日までこの仕事を終えなければ、明日、旅行に行けません。
• 과일은 신선해야 맛이 있어요.	果物は新鮮でなければおいしくありません。
• 저는 노래를 들으면서 공부해야 공부가 잘 돼요.	私は歌を聴きながら勉強しないと勉強がすすみません。

02 -는다면/ㄴ다면/다면

そうなる可能性が低いか、あるいは不可能な状況を仮定して語るときに用いられる。主に‘만약,만일’とともに現れる。動詞や形容詞の語幹の後ろに付く。子音で終わる動詞の語幹の後ろには‘-는다면’が、母音で終わる動詞の後ろには‘-ㄴ다면’が付く。形容詞の語幹の後ろには‘-다면’が、名詞の後ろには‘이라면’が付く。

- 만일 두 사람이 헤어진다면 아이는 누가 키울까요?
  もし、二人が別れるとしたら、子供は誰が育てるのでしょうか。
- 다시 태어날 수 있다면 남자로 태어나고 싶어요.
  再び生まれ変わるなら、男に生まれたいです。
- 오늘이 금요일이라면 영화를 볼 수 있을 텐데.
  今日が金曜日なら映画を見ることができるのに。
- 내가 만약 새라면 가고 싶은 곳에 마음대로 날아갈 수 있을 텐데.
  私がもし鳥なら、行きたいところに自由に飛んでいくことができるのに。

02 건강을 유지하려면 노력을 해야지요

학습 목표 ● 과제 건강을 위한 운동 소개하기 ● 문법 -어야지요, 사동 ● 어휘 운동 관련 어휘

두 사람은 지금 무엇을 하고 있습니까?
여러분은 어떤 운동을 합니까?

CD1:26~27

미선 아침 운동을 하니까 어때요?

마리아 기분이 상쾌해지네요. 식욕도 생기고요.

미선 저는 한 1년 전부터 아침마다 운동을 했는데 건강이 많이 좋아졌어요.

마리아 그래요? 저는 아침에 학교 가기도 바빠요.

미선 건강을 유지하려면 노력을 해야지요. 우리 내일도 이 시간에 만나요.

마리아 좋아요. 내일 아침에도 전화해서 깨워 주실 수 있죠?

상쾌하다 爽快だ
식욕 食欲
유지하다 維持する
노력 努力
깨우다 起こす

어휘

01 [보기]에서 알맞은 표현을 찾아 쓰십시오.

[보기] 체중이 줄다　　근육이 생기다　　피로가 풀리다
스트레스가 풀리다　　열량을 소모하다

02 빈칸에 알맞은 어휘를 쓰십시오.

1) 오랜만에 찜질방에 다녀오니까 그동안 쌓였던 피로 ~~이~~/가 풀렸다.
2) 노래방에 가서 큰 소리로 노래를 부르면 ______ 이/가 풀린다.
3) 오랫동안 운동과 다이어트를 같이 해서 ______ 이/가 많이 줄었다.
4) 매일 아침 한 시간씩 달리기를 하니까 다리에 ______ 이/가 생겼다.
5) 공부를 하면 ______ 이/가 빨리 소모되니까 아침 식사를 잘 해야 한다.

문법 연습

01

–어야지요/아야지요/여야지요

다음 표의 빈칸을 채우고 [보기]와 같이 옆 사람과 대화하십시오.

	상황	충고
1)	매일 야근으로 건강이 나빠졌다.	건강도 생각하셔야지요.
2)	일이 많아 숙제를 못 하고 있다.	
3)	친구하고 싸워서 말도 안 한다.	
4)	돈을 다 썼다.	

[보기] 가 : 요즘 건강이 너무 나빠진 것 같아요. 자꾸 피곤하기만 하고요.
나 : 일도 좋지만 건강도 생각하셔야지요. 내일 아침부터 저하고 같이 운동하는게 어때요?

02

사동

빈칸에 알맞은 동사의 형태를 써서 이야기를 완성하십시오.

약속이 있어서 하숙집 아줌마에게 일찍 ________(깨다) ~~어/아/여~~ 달라고 부탁했지만 아파서 일어날 수 없었다. 아줌마는 죽을 ________(끓다) 어서/아서/여서 내 방에 가지고 오셨다. 아줌마는 아플 때는 더 잘 먹어야 한다고 말씀하시면서 죽을 ________(먹다) 어/아/여 주셨다. 갑자기 고향에 계신 어머니 생각이 났다. 어렸을 때 나는 자주 아팠다. 열이 많이 나면 우리 어머니는 내 옷을 ________(벗다) 고 찬 수건으로 몸을 닦아 주셨다. 열이 좀 내리면 옷을 ________(입다) 고 따뜻한 수프를 ________(먹다) 어/아/여 주셨다. 그리고는 엄마 품에 꼭 안아서 ________(자다) 어/아/여 주셨다. 어머니 생각에 눈물이 났다.

과제 1 말하기

다음 기사를 읽고 [보기]와 같이 선희 씨에게 이야기를 해 봅시다.

선희 씨는 두 아이를 둔 주부입니다. 두 아이 모두 몸무게가 많이 나가고 남편도 결혼 전보다 살이 많이 쪄서 걱정입니다. 가족의 건강을 지키려면 선희 씨는 어떻게 해야 할까요?

'아침 운동'하루 중 다이어트 효과가 제일 높다

아침 식사 전에 하는 운동은 다이어트 효과가 크다. 항상 같은 시간에 일어나서 운동을 하는 것이 좋다.

반드시 식사 전에 운동을

식사 후에 하는 운동은 소화를 방해할 수 있다.

규칙적으로 운동을

규칙적으로 운동을 하는 것이 중요하다. 같은 시간에 일어나는 것이 좋다.

운동복을 따뜻하게

아침 운동을 할 때에는 따뜻한 운동복을 입는 것이 좋다. 감기에 걸리지 않으려면 운동을 하다가 더워도 옷을 벗지 않는 것이 좋다.

[보기]

- 선희 씨, 운동 전에 아침은 **먹이지** 마세요.
-
-
-

다이어트 ダイエット

과제 2 읽고 말하기

01 다음을 읽고 질문에 답하십시오.

〈1시간 활동에 따른 체중별 소비 열량〉

몸무게에 따른 소비 열량(cal)

활동 내용	50kg	60kg	70kg	80kg	90kg
슈퍼(바구니이용)	210	252	294	336	378
요리하기	120	144	168	192	216
서서 회의하기	210	252	294	336	378

〈30분 활동에 따른 체중별 소비 열량〉

몸무게에 따른 소비 열량(cal)

활동 내용	50kg	60kg	70kg	80kg	90kg
지하철에 앉아서 가기	53	63	74	84	95
버스에 서서 가기	105	126	147	168	189
부엌 가사 노동	60	72	84	96	108

집안일을 할 때보다는 조금이라도 몸을 움직일 때 열량을 더 많이 소비하는 것으로 나타났다. 체중별 소비 열량 조사 결과를 보면 1시간 동안 요리를 할 때 소비하는 열량이 장바구니를 이용해서 쇼핑을 할 때보다 낮은 것을 알 수 있다. 특히 대중교통 이용시 30분 동안 앉아서 가는 것보다 서서 가는 것이 훨씬 더 많은 열량을 소비하는 것으로 나타났다.

1) 이 글의 내용과 같으면 ○, 다르면 ×표시를 하십시오.

❶ 몸무게에 따라 열량 소비량이 달라진다. ( )

❷ 집안일이 쇼핑을 하는 것보다 열량 소비량이 많다. ( )

❸ 서서 회의할 때와 버스에 서서 갈 때 소비 열량은 같다. ( )

❹ 열량 소비를 많이 하려면 집안일 이외에 몸을 움직이는 다른 활동을 하는 것이 좋다. ( )

2) 운동량이 많은 집안일로는 어떤 것이 있을까요?

소비 消費 **장바구니** 買い物かご **대중교통** 公共交通機関

02 다음은 10대와 30대가 좋아하는 운동의 종류를 조사한 결과입니다. 다음 표를 보고 [보기]와 같이 이야기해 봅시다.

10대가 좋아하는 운동

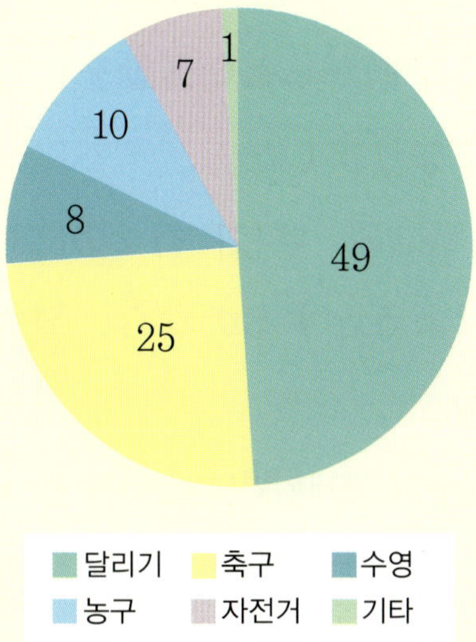

30대가 좋아하는 운동

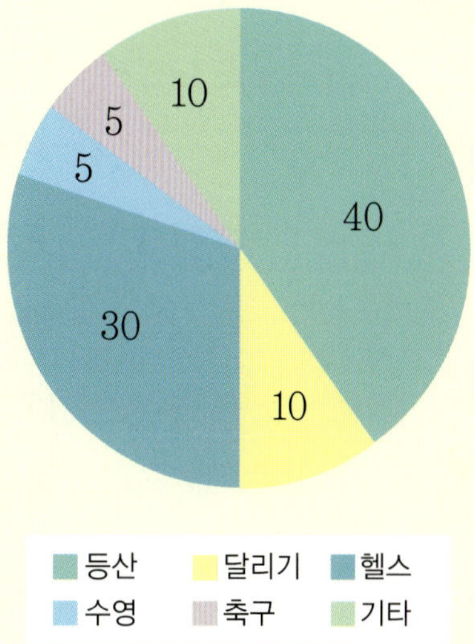

[보기]

10대들은 30대보다 달리기를 좋아하는 것으로 나타났다.

10대들은 30대보다 달리기를 좋아하는 것을 알 수 있다.

10대들은 30대보다 달리기를 좋아하는 것으로 보인다.

会話

ミソン　朝、運動をしてみて、どうですか。
マリア　気分が爽快になりました。食欲も出てきましたし。
ミソン　私は、1年ぐらい前から毎朝運動をしてきましたが、とても健康になりました。
マリア　そうですか。私は朝、学校に行くのにも忙しいです。
ミソン　健康を維持しようとするのなら、努力をしなければなりません。
私たち、明日もこの時間に会いましょう。
マリア　いいですね。明日の朝も電話して、起こしてくださいますよね。

문법 설명

01 –어야지요/아야지요/여야지요

聞き手や他人があることをしなければならないときに用いられる。動詞の語幹の後ろに付く。'아, 야, 오' 以外の母音で終わる動詞の語幹の後ろには '–어야지요' が、'아, 야, 오' で終わる動詞の語幹には '–아야지요' が、'하다' 動詞の語幹の後ろには '–여야지요' が付く。聞き手が親しい者や目下の者の場合' には '–어야지' を付ける。

- 학생들은 공부를 해야지요. 学生は勉強をしなければいけませんよ。
- 잊어버리지 않으려면 중요한 일은 메모해 놓아야지요. 忘れないようにするなら、大事なことはメモしておかなければなりませんよ。
- 너도 이제 취직할 생각을 해야지. おまえももう就職することを考えないと。

• 가 : 2차로 노래방 어때? 내가 낼게.	A: 2次会にカラオケはどう? ぼくが出すよ。
나 : 밤이 늦었는데 집에들 가셔야지요. 오늘은 여기서 헤어지죠.	B: 遅くなったからみんな家に帰らないと。今日はここで別れましょう。
• 가 : 매일 야근을 해서 그런지 몸이 예전같지 않아요.	A: 毎日夜勤したせいか、体がいつもとは違います。
나 : 일도 좋지만 건강도 생각해야지요.	B: 仕事もいいけど、健康のことも考えないといけませんよ。

02 사동

使役

韓国語では、動詞の語幹に'이, 히, 리, 기, 우, 추'などを付けると、他人や動物にある動作を行なわせたり、その状態に至らせるようにする意味になる。

[사동]

보다 – 보이다	먹다 – 먹이다	죽다 – 죽이다	끓다 – 끓이다
앉다 – 앉히다	읽다 – 읽히다	입다 – 입히다	눕다 – 눕히다
살다 – 살리다	알다 – 알리다	울다 – 울리다	듣다 – 들리다
웃다 – 웃기다	벗다 – 벗기다	남다 – 남기다	숨다 – 숨기다
자다 – 재우다	타다 – 태우다	깨다 – 깨우다	서다 – 세우다
낮다 – 낮추다	늦다 – 늦추다	맞다 – 맞추다	맡다 – 맡기다

• 아저씨, 생일카드 좀 보여 주세요.	おじさん、バースデーカード、ちょっと見せてください。
• 어머니가 아이에게 옷을 입힌다.	お母さんが子供に服を着せます。
• 반 친구들 모두에게 이 사실을 알려야겠다.	クラスの友達全員にこの事実を知らせなければ。
• 부장이 나에게 그 일을 맡겼다.	部長が私にその仕事をまかせた。
• 아침 6시에 깨워 주세요.	朝6時に起こしてください。

03 김치라든가 된장 같은 음식은 대표적인 건강식이죠

학습 목표 ● 과제 건강식 조사하기 ● 문법 이라든가, -는다고 하던데 ● 어휘 음식 관련 어휘

두 사람은 무엇을 하고 있습니까?
건강에 좋은 음식으로는 무엇이 있습니까?

CD1:28~29

웨이	한국 요리는 만들기가 좀 번거로운 것 같아요.
정희	맞아요. 날마다 먹는 김치도 손이 많이 가는 음식이에요.
웨이	손은 많이 가지만 건강에는 좋다고들 하던데요.
정희	네, 김치라든가 된장 같은 음식은 대표적인 건강식이죠.
웨이	요즘 김장철이라고 하던데 정희 씨 집도 김장했어요?
정희	아니요, 바빠서 아직 못 했어요.

번거롭다 めんどうだ、わずらわしい

손이 가다 手間がかかる

대표적이다 代表的だ

건강식 健康食

김장철 キムジャン(冬の間食べるキムチの漬け込み)の時期

김장하다 キムジャンをする、冬の間食べるキムチを漬け込む

어휘

01 [보기]에서 알맞은 어휘를 골라 빈칸에 쓰십시오.

[보기] 육류　생선류　곡류　유기농 식품　인스턴트 식품　발효 식품

육류

02 빈칸에 알맞은 어휘를 쓰십시오.

1) 된장과 요구르트 같은 ___발효 식품___ 은/는 건강에 좋은 것으로 알려져 있다.
2) 한국 사람들은 옛날부터 쌀이나 보리 같은 ________ 을/를 많이 먹었다.
3) 바쁜 생활을 하는 사람들은 시간이 없을 때 간단하게 ________ 을/를 먹기도 한다.
4) 바다 근처에 사는 사람들은 ________ 을/를 많이 먹어서 그런지 오래 산다고 한다.
5) 서양 사람들은 동양 사람들에 비해서 소고기와 돼지고기 같은 ________ 을/를 많이 먹는 편이다.

YONSEI KOREAN 3

문법 연습

이라든가/라든가

01 다음 그림을 보고 대화를 완성하십시오.

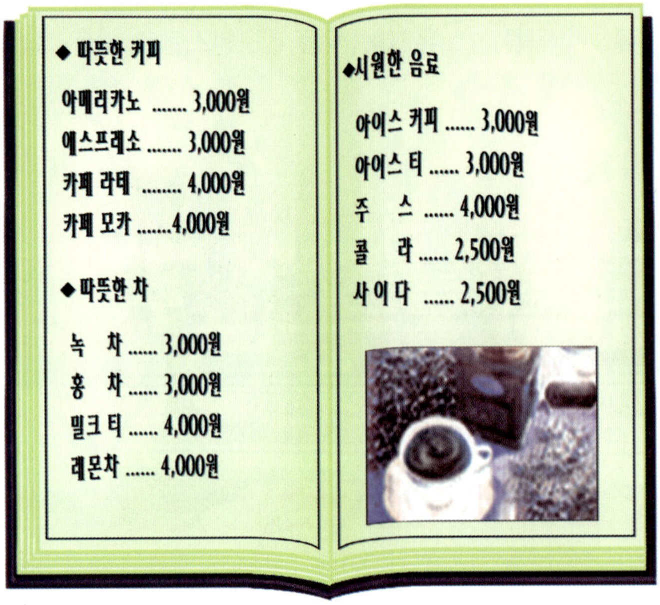

리에 : 날씨가 덥네요. 뭘 마실까?

마리아 : 아이스 티 ~~이라든가~~/라든가 콜라 같은 시원한 음료수가 어때?

웨이 : 난 감기에 걸렸나 봐. 목이 좀 아파.

리에 : 그럼 ....

리에 : 마리아 씨 생일 선물을 사려고 하는데, 뭐가 좋을까요?

정희 : .... 이라든가/라든가 .... 처럼 오래 쓸 수 있는 물건이 어때요?
저는 어머니께 선물을 사 드리려고 하는데, 뭐가 좋을까요?

리에 : 어머니께 드리는 선물은 .... 이/가 좋을 것 같아요.

-는다고/ㄴ다고/다고 하던데

02 다음 신문 기사를 읽고 대화를 완성하십시오.

감기에 걸렸을 때는

1. 약을 먹는 것보다는 쉬는 것이 좋아
2. 비타민 C가 많은 유자나 레몬이 좋아
3. 심한 운동은 나빠
4. 기침할 때는 배와 꿀을 먹어야

웨이 : 정희 씨 어디 아파요?

정희 : 감기에 걸렸어요. 약을 먹었는데도 낫지 않아요.

웨이 : 감기에 걸렸을 때는 약을 먹는 것도 좋지만 ____쉬는 것이 가장 좋다고____ ~~는다고/ㄴ다고/다고~~ 하던데 좀 쉬세요.

정희 : 네, 좀 쉬어야겠어요. 우리 같이 커피나 한잔 할까요?

웨이 : 감기에는 커피보다 ________________ 는다고/ㄴ다고/다고 하던데 유자차나 레몬차를 드세요.

정희 : 그럼 레몬차를 마셔야겠어요. 오늘 오후에는 친구하고 테니스를 치기로 했는데 감기가 더 심해질 것 같아서 걱정이에요.

웨이 : 테니스요? ________________ 는다고/ㄴ다고/다고 하던데 너무 힘든 운동은 하지 않는 게 좋을 것 같아요.

정희 : 그래요? 기침도 많이 하는데 뭐 좋은 방법 없을까요?

웨이 : ________________ 는다고/ㄴ다고/다고 하던데 한번 드셔 보세요.

정희 : 와, 웨이 씨는 정말 아는 것도 많네요.

과제 1 말하기

음식 중에는 건강에 좋은 음식과 그렇지 않은 음식이 있습니다. 다음의 어휘 중에서 적당한 어휘를 골라 알맞은 곳에 넣고 [보기]와 같이 말해 봅시다.

된장	햄버거	탄산음료	인삼
콩	술	김치	두부
커피	요구르트	채소	과일
감자튀김	녹차	설탕	

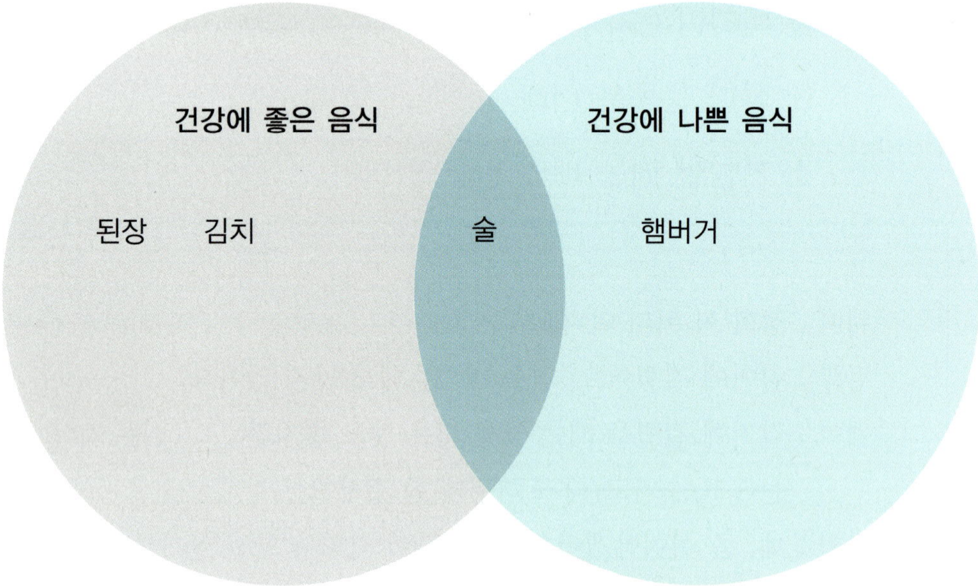

[보기] 건강에 좋은 음식에는 **된장이라든가** 김치 같은 음식이 있어요.

건강에 좋은 음식에는 ____________________

건강에 나쁜 음식에는 ____________________

건강에 좋을 수도 있고 나쁠 수도 있는 음식에는 ____________________

____

탄산음료 炭酸飮料

과제 2 듣고 말하기 [CD1:30]

01 대화를 듣고 질문에 답하십시오.

1) 건강한 식습관을 위해 남자가 말한 세 가지 방법은 무엇인지 쓰십시오.

❶ ______

❷ ______

❸ ______

2) 다음 중 건강에 좋은 식품은 어느 것입니까? (　　　)

❶ 소금　　❷ 백설탕　　❸ 화학조미료　　❹ 꿀

3) 들은 내용과 같으면 ○, 다르면 ×표시를 하십시오.

❶ 흰 쌀은 적게 먹는 것이 좋다. (　　)
❷ 음식을 많이 먹어도 많이 씹으면 건강에는 문제가 없다. (　　)
❸ 음식을 많이 씹으면 소화가 잘 되기 때문에 건강에 좋다. (　　)
❹ 입에 맞는 음식을 한 가지 선택하여 계속 먹는 것이 건강에 좋다. (　　)

02 여러분의 나라나 한국에서 사람들이 건강을 위해 먹는 음식을 조사하여 다음 표를 채우고 발표해 봅시다.

음식 이름	삼계탕	
재료	닭, 인삼, 대추, 밤, 찹쌀	
맛	담백하다. 맵지 않지만 뜨겁다.	
먹는 방법	먼저 고기를 소금에 찍어 먹고 닭의 뱃속에 들어 있는 찹쌀과 국물을 섞어서 떠 먹는다.	
건강에 좋은 이유	인삼과 여러 가지 몸에 좋은 재료가 들어 있어서 건강에 좋다.	
먹는 계절/때	여름철에 땀을 많이 흘릴 때 몸을 보호하기 위해 먹는다.	
기타	식당에서 사 먹으면 보통 한 그릇에 8,000원 정도이다.	

식습관 食習慣　**화학조미료** 化学調味料　**꿀** 蜜　**씹다** かむ　**골고루** まんべんなく

会話

ウェイ　韓国料理は、作るのがちょっとめんどうなようです。

チョンヒ　そうですね。毎日食べるキムチも、手間のかかる食べ物です。

ウェイ　手間がかかりますが、みんな健康にはいいと言っていましたよ。

チョンヒ　その通りです。
キムチとかテンジャンのような食べ物は代表的な健康食ですね。

ウェイ　近頃、キムジャンの季節とのことですが、
チョンヒさんの家でもキムジャンしましたか。

チョンヒ　いいえ、忙しくてまだしていません。

문법 설명

01 이라든가/라든가

例を上げて羅列するときに用いられる。その後に羅列した例をまとめて説明する言葉が来る。子音で終わる名詞の後ろには‘이라든가’が、母音で終わる名詞の後ろには‘라든가’が付く。

- 야채라든가 과일 같은 것을 많이 드세요.　野菜とか果物といったものをたくさん食べてください。
- 저는 소설이라든가 수필같은 가벼운 책이 좋아요.　私は小説とか随筆のような軽い本が好きです。
- 녹차라든가 인삼차 같은 따뜻한 차를 마시고 싶어요.　緑茶とか人参茶のような温かいお茶が飲みたいです。
- 병문안을 갈 때는 과일이라든가 음료수 같은 것을 사 가지고 가세요.　病気見舞いに行くときは、果物とかジュースといったものを買って持っていってください。
- 딸기라든가 사과같은 과일 종류를 많이 먹으면 좋대요.　イチゴとかリンゴとか果物類をたくさん食べるといいんですって。

02 -는다고/ㄴ다고/다고 하던데

他人から聞いた話を聞き手に確認したり、その事実を根拠に聞き手にある行動を提案したり、すすめたりするとき用いられる。その後の文章には、主に事実を確認したり、その事実についてどのように考えるのかという疑問文や命令文、勧誘文などが来る。動詞や形容詞の語幹の後ろに付く。

子音で終わる動詞の語幹の後ろには'-는다고 하던데'が、母音で終わる動詞の語幹の後ろには'-ㄴ다고 하던데' が付く。形容詞の語幹の後ろには '-다고 하던데' を用い、名詞の後ろには '-이라고 하던데' を付ける。行動が終わった事実を聞いて語るときは '-었다고 하던데' と言う。他人のした質問を聞き手に伝えるときは '-냐고 하던데' を、他人の命令や指示を聞いて伝えるときは '-으라고 하던데' を、他人からの誘い聞いて伝えるときは '-자고 하던데' を用いる。

- 적게 먹는 것이 건강에 좋다고 하던데 선생님은 어떻게 생각하세요? 小食は健康にいいといいますが、先生はどうお考えですか。
- 한국 회사원은 밤늦게까지 일을 해야 한다고 하던데 사실이에요? 韓国の会社員は夜遅くまで仕事をしなければならないといいますが、本当ですか。
- 경주에 볼거리가 많다고 하던데 그리로 여행 갑시다. キョンジュには見どころが多いといいますので、そっちに旅行に行きましょう。
- 민철이가 이번 주말에 여행을 같이 가자고 하던데 영수 씨도 같이 갈 수 있어요? ミンチョリが今週末、一緒に旅行に行こうと言っていますが、ヨンスさんも一緒に行けますか。

04 과식을 안 하는 것도 중요하답니다

학습 목표 ● 과제 건강을 위한 생활 습관 조사하기 ● 문법 -는다고 보다 -는답니다 ● 어휘 생활 습관 관련 어휘

두 사람은 무엇에 대해서 이야기하는 것 같습니까?
여러분은 몇 살까지 살고 싶습니까?

CD1:31~32

제임스 선생님께서는 장수의 비결이 무엇이라고 생각하세요?

의사 글쎄요. 저는 정해진 시간에 식사를 하는 것이 무엇보다도 중요하다고 봅니다.

제임스 그렇군요. 식사량도 중요하겠지요?

의사 물론이지요. 과식을 안 하는 것도 아주 중요하답니다.

제임스 그런데 장수하는 사람들이 특별히 좋아하는 음식이 있나요?

의사 장수 마을 노인들은 된장찌개와 삶은 돼지고기를 좋아한다고 들었습니다.

장수 長壽
비결 秘訣
정하다 決める
식사량 食事の量
중요하다 大事だ、重要だ

어휘

01 [보기]에서 알맞은 어휘를 골라 에 넣으십시오.

[보기] 과식 소식 편식 채식 육식
규칙적이다 불규칙하다
하루에 1시간 정도 운동을 한다 운동을 전혀 하지 않는다

식습관

소식

수면 습관

1/5	1/6	1/7
10시 잠	10시 잠	10시 잠

1/5	1/6	1/7
10시 잠	2시 잠	12시 잠

운동 습관

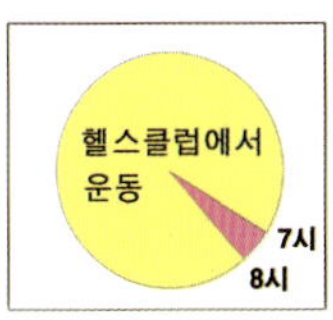

02 다음 중에서 여러분과 관계된 것에 체크해 보십시오.

식습관	□ 과식을 한다. □ 소식을 한다. □ 편식을 한다. □ 야식을 자주 먹는다. □ 육식을 좋아한다. □ 식사를 천천히 한다. □ ....
수면 습관	□ 규칙적으로 일정한 시간에 잔다. □ 자는 시간이 불규칙하다. □ 하루에 7시간 정도 잔다. □ 하루 수면 시간이 7시간이 넘는다. □ ....
운동 습관	□ 하루에 1시간 정도 운동을 한다. □ 운동을 전혀 하지 않는다. □ 일주일에 세 번 정도 30분 정도 운동을 한다. □ ....
건강을 위한 다른 습관	□ 명상 □ 영양제를 복용한다. □ ....

문법 연습

-는다고/ㄴ다고/다고/이라고 보다

01 다음에 대해 여러분의 생각을 표에 쓰십시오.

	여러분의 생각
수업을 한 시간 일찍 시작한다.	하루를 일찍 시작해 시간을 효과적으로 활용할 수 있다고 본다.
시험이 없다.	
학교 안에 흡연실을 만든다.	

-는답니다/ㄴ답니다/답니다/이랍니다

02 다음 편지의 밑줄 친 부분을 [보기]와 같이 '-는답니다'를 써서 고치십시오.

웨이 씨에게

웨이 씨, 안녕하셨어요?

저는 작년 가을에 같은 반에서 공부한 마이클입니다.

웨이 씨가 걱정해 주신 덕분에 저는 봄에 연세대학교에 1) 입학했습니다. 대학생이 되니까 할 일도 많고 하고 싶은 일도 많아서 요즘 저는 정신없이 2) 지내고 있습니다. 한국 친구들과는 재미있게 지내고 있지만, 한국말이 서툴러서 수업을 따라가기가 많이 힘듭니다. 이렇게 힘이 들 때는 어학당 선생님과 친구들 3) 생각이 많이 납니다. 정말 보고 싶습니다.

다음 주 월요일이 4) 스승의 날입니다. 알고 계시지요? 같은 반 친구였던 리에 씨, 제임스 씨, 마리아 씨하고 같이 선생님을 찾아 뵈려고 합니다. 웨이 씨도 바쁘지 않으시면 같이 점심 식사를 하는 게 어떨까요? 연락 주세요.

다시 만날 때까지 안녕히 계세요.

5월 10일

마이클 드림

[보기] 1) 입학했습니다. → 입학했답니다.

2) 지내고 있습니다. → ....

3) 생각이 많이 납니다. → ....

4) 스승의 날입니다. → ....

과제 1 말하기

여러분이 알고 있는 민간요법을 다음 표에 정리해 보고, [보기]와 같이 말해 봅시다.

증상		
목이 아플 때	코피가 날 때	술이 깨지 않을 때
소금물로 양치한다.		

[보기]

한국 사람들은 목이 붓고 아프면 소금물로 양치를 **한답니다.** 보통은 자기 전에 미지근한 소금물로 양치를 합니다. 소금을 프라이팬에 볶아서 소금물을 만들고, 그 소금물을 차게 식혀서 양치를 하면 더 좋다고 합니다. 저는 두 방법을 다 써 봤는데 병원에서 주는 약보다 효과가 **좋았답니다.** 어쨌든 저는 소금물 양치가 목이 부었을 때는 제일 빠르고 좋은 **방법이라고 봅니다.**

민간요법 民間療法　**양치하다** 歯を磨く　**미지근하다** ぬるい　**효과** 効果

과제 2 읽고 말하기

01 다음을 읽고 질문에 답하십시오.

가) 저녁이 되면 우리 몸은 피로해진다. 이러한 피로를 간단히 푸는 방법이 있다. 먼저 팔을 옆으로 벌리고 다리를 쭉 펴고 바닥에 눕는다. 그런 다음 천천히 발이 머리 위로 오게 다리를 올렸다가 다시 바닥으로 내린다. 이것을 다섯 번만 하면 몸이 가벼워지면서 피로가 거짓말처럼 풀린다.

나) 밤에 잠을 잘 자려면 해가 진 뒤 20~30분 정도 자전거 타기나 산책 등으로 몸을 조금 피곤하게 하는 것이 좋다. 그러나 잠자기 5시간 전에 심한 운동을 하면 몸이 긴장 상태가 되어 잠이 잘 오지 않는다. 그러므로 오후 7시 이후에는 가벼운 운동이 적당하다.

다) 아주 가벼운 운동이라도 오랫동안 규칙적으로 하면 체중을 줄일 수 있는 것으로 밝혀졌다. 텔레비전을 보다가 광고 시간에 방 안을 걷거나 계단을 걸어서 올라가고 내려가는 가벼운 운동을 오랫동안 계속하면 체중이 줄어든다고 한다. 또 주차할 때 입구에서 가장 먼 곳에 차를 세우고 걸어가는 것도 오랫동안 계속하면 효과가 있는 것으로 나타났다.

1) 위의 세 가지 이야기에서 공통적으로 주장하는 것은 무엇입니까? (   )

❶ 가벼운 운동의 효과
❷ 운동과 다이어트
❸ 가벼운 운동과 강렬한 운동의 차이
❹ 운동하기에 적절한 시간

2) 각각의 이야기의 제목을 만들어 보십시오.

가) ____________________

나) ____________________

다) ____________________

02 건강을 위해 여러분이 하는 운동을 [보기]와 같이 말해 봅시다.

[보기]

저는 시간이 있을 때마다 가볍게 몸을 움직입니다. 의자에 앉아서 몸을 왼쪽 또는 오른쪽으로 돌려 의자의 뒤쪽을 잡습니다. 눈은 돌린 쪽 어깨 너머를 바라보면서 몸을 더 돌립니다. 시원하게 느껴지는 방향은 여러 번 반복합니다. 이렇게 하면 딱딱해진 근육이 풀립니다.

눕다 横になる **올리다** 上げる **긴장** 緊張 **입구** 入り口

会話

ジェームス　先生は長寿の秘訣は何だと思われますか。
医者　そうですね。
私は決められた時間に食事をするのが何よりも大事だと思います。
ジェームス　そうですか。食事の量も大事でしょうね。
医者　もちろんです。食べ過ぎをしないことも、とても重要です。
ジェームス　ところで、長生きする方たちが特に好む食べ物はありますか。
医者　この村のお年寄りはテンジャンチゲとゆでた豚肉が好きだと聞きました。

문법 설명

01 –는다고/ㄴ다고/다고/이라고 보다

重要な問題について自分の意見を語るときに用いられる。'그렇게 생각하다(そう考える)' という意味を表す。動詞や形容詞の語幹の後ろに付く。子音で終わる動詞の語幹の後ろには '–는다고 보다' が、母音で終わる動詞の語幹の後ろには '–ㄴ다고 보다' が付く。形容詞の語幹の後ろには '–다고 보다' が、名詞の後ろには '이라고 하던데' が付く。行動が終わった事実を聞いて語るときは '–었다고 보다' と言う。

- 그 점은 별로 문제될 게 없다고 본다.　その点は別に問題になることはないと見ています。
- 우리가 가장 먼저 해결해야 할 것도 환경 문제라고 본다.　私たちが一番最初に解決しなければならないことも、環境問題だと考えます。

- 청소년 문제에는 부모님의 관심이 가장 필요하다고 본다. 青少年問題には、親の関心が最も必要だと考えます。
- 전문가들은 환율이 앞으로 더 내릴 거라고 보고 있다. 専門家たちは、レートが今後さらに下がると見ています。

02 -는답니다/ㄴ답니다/답니다/이랍니다

話し手は知っているが、聞き手は知らないと思っていることを伝えるときに用いられる。子音で終わる動詞の語幹の後ろには '-는답니다' が、母音で終わる動詞の語幹の後ろには '-ㄴ답니다' が付く。形容詞の語幹の後ろには '-답니다' が、名詞の後ろには '이랍니다' が付く。行動が終わった事実を聞いて伝えるときは '-었답니다' と言う。

- 형님, 어머님 걱정은 마십시오. 어머님은 건강하시답니다. お兄さん、お母さんの心配はなさらないでください。お母さんは健康だそうです。
- 옛날 옛날 공주와 결혼하려는 어느 왕자가 있었답니다. 昔々、お姫様と結婚しようとしている一人の王子様がいました。
- 요즘 저는 직장생활을 하느라 친구들 만날 틈이 없었답니다. 近頃、私はサラリーマン生活をしていて、友達に会うひまが無かったんです。
- 저는 처음 그를 만났을 때부터 좋아했답니다. 私は初めて彼に会ったときから、好きだったんです。
- 우리가 지리산과 한라산을 다 구경하는 데 꼬박 3개월이 걸렸답니다. 我々がチリ山とハッラ山をすべて見物するのに、まる3ヶ月かかりました。

'-는답니다/ㄴ답니다/답니다' は、'-는다고 합니다/ㄴ다고 합니다/다고 합니다' の省略形としても用いられる。

- 뉴스에서 들으니까 물가가 많이 올랐답니다. ニュースで聞いたところ、物価がだいぶ上がったそうです。
- 친구한테 들었는데 민철이가 미국에 갔답니다. 友達に聞いたのですが、ミンチョルがアメリカに行ったんだそうです。

05 정리해 봅시다

01 다음 표에 건강에 좋은 것과 나쁜 것을 골라 쓰십시오. 그리고 여러분들이 알고 있는 것도 써 봅시다.

규칙적인 생활 운동 채식 건강식 발효 식품 스트레스 과로
인스턴트 음식 튀긴 음식 삶은 음식 편식 과식 소식 과음 흡연

건강에 좋은 것	건강에 나쁜 것

02 다음 표현을 사용하여 이야기를 완성하십시오.

-어야 -는다면 -어야지요 -는다고 하던데 -는다고 보다 -는답니다

건강하게 살려면 무엇보다도 운동을 ________(하다). 운동을 할 시간이 없으면 가까운 거리는 차를 타지 않고 걷는 것도 좋은 방법입니다. 걷기도 아주 좋은 운동이니까요. 그리고 아침은 꼭 ________(먹다) 건강하게 오래 살 수 있습니다. 아침에 요리하는 것이 힘들면 과일이라든가 우유 같이 간단하게 먹을 수 있는 음식을 드세요. 저는 라면이나 패스트푸드를 자주 먹는 것은 ________(좋지 않다). 대부분 기름이 많은 음식이니까요. 혼자 사는 사람들은 생활이 불규칙해지기가 ________(쉽다) 조금만 노력하면 건강한 생활을 할 수 ________(있다).

03 여러분의 생활 습관 중에 좋은 점과 나쁜 점을 표에 써 봅시다.

내 생활의 좋은 점	내 생활의 나쁜 점

여러분이 더 건강한 생활을 하려면 여러분의 생활을 어떻게 바꿔야 합니까? 건강하게 사는 방법에 대해 이야기해 봅시다.

한국인의 건강식 [CD1:33]

건강식이란 건강을 유지하거나 회복하기 위하여 만든 음식을 말합니다. 한국에서도 지방마다 혹은 가정마다 특별한 건강식이 있습니다. 예를 들어 더운 여름날 기운이 없을 때 한국 사람들은 삼계탕을 먹습니다. 삼계탕은 몸에 좋은 인삼, 찹쌀, 대추, 밤 등을 닭과 함께 끓여 만든 음식입니다. 또 콩이 몸에 좋다는 것은 잘 알려져 있는데, 한국인은 콩으로 만든 된장이나 청국장을 찌개로 만들어 자주 먹습니다. 그리고, 한국인이 즐겨 먹는 비빔밥은 별다른 반찬 없이도 한 끼의 식사로 맛있게 먹을 수 있는 요리입니다. 비빔밥에는 다양한 나물과 고기 등이 들어 있어서 영양면에서도 매우 좋다고 합니다. 한국에는 이 밖에도 다양한 건강식이 있습니다. 이러한 음식들은 옛부터 한국 사람들이 매일 먹어 왔던 음식들입니다. 여러분도 오늘 저녁에 건강에 좋은 이런 음식들을 한번 드셔 보세요.

삼계탕

비빔밥

청국장

1. 한국인이 즐겨 먹는 음식에 대해 이야기해 봅시다.

2. 여러분 나라에서 건강식으로 먹는 음식은 어떤 것이 있는지 이야기해 봅시다.

회복하다 回復する **기운** 元気 **영양** 栄養

제4과 공연과 감상

01 표를 사는 대신에 저녁을 사 주세요

학습 목표 ● 과제 공연 안내하기 ● 문법 만 못하다, -는 대신에 ● 어휘 공연 관련 어휘

두 사람은 무엇에 대해 이야기하고 있습니까?
여러분은 한국에서 공연을 본 적이 있습니까?

CD1:34-35

제임스 리에 씨, 뮤지컬 춘향전이 아주 감동적이라고 하던데 보셨어요?

리에 아니요, 못 봤어요. 그렇지 않아도 한번 보고 싶었어요.

제임스 그럼 같이 갈까요? 보고 온 친구가 그러는데 무대와 의상이 아주 아름답대요. 노래와 춤은 말할 것도 없고요.

리에 한국말로 하는 공연인데 제가 이해할 수 있을까요?

제임스 일본어로 듣는 것만 못하겠지만 자막이 있으니까 이해할 수는 있을 거예요.

리에 그럼 제가 예매할게요. 제가 표를 사는 대신에 제임스 씨가 저녁을 사 주세요.

뮤지컬 ミュージカル
감동적이다 感動的だ
무대 舞台
의상 衣装
말할 것도 없다 言うまでもない
공연 公演
자막 字幕

어휘

01 다음은 공연 포스터입니다. [보기]에서 알맞은 어휘를 골라 빈칸에 쓰십시오.

[보기] 작품명 관람 연령 공연 장소 공연 일시 작품 해설

작품명 ❶
❷
❸
❹
❺

02 관계있는 것끼리 연결하십시오.

공연 장소 작품명 공연 일시

문법 연습

만 못하다

01 다음 그림을 보고 대화를 완성하십시오.

❶

영수 : 정희 씨, 이사간 집은 어때요?

정희 : 회사에서 가깝기는 한데 새로 이사간 집이 이전 집만 못해요.

❷
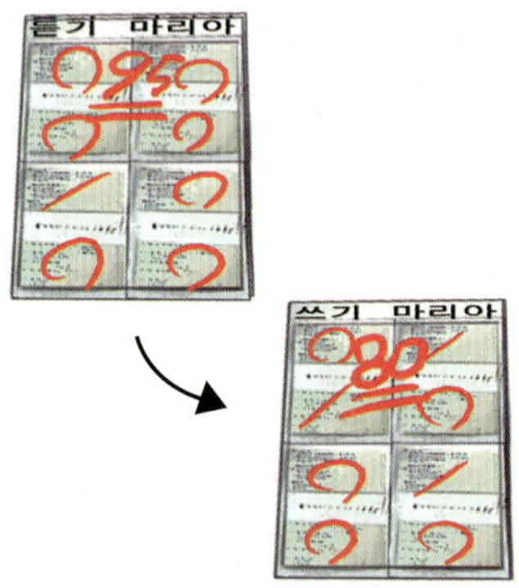

리에 : 마리아 씨는 듣기 성적이 좋네요. 쓰기는 어때요?

마리아 : ....

❸

웨이 제임스

미선 : 제임스 씨, 농구를 자주 하는 것 같은데 농구 잘 해요?

제임스 : ....

❹

정희 : 여기 음식 맛있지요?

웨이 : 맛있기는 한데 ....

-는 대신에

02 표를 채우고 다음과 같이 쓰십시오.

	내가 다른 사람을 위해 하는 일	그 사람이 나에게 해 주는 일
1)	동생 숙제를 도와주었다	동생이 내게 아이스크림을 사 주기로 했다
2)	내가 친구에게 점심을 사 주었다	친구가 나에게 영화를 보여 주기로 했다
3)		친구는 우리 집 대청소를 도와주기로 했다
4)		

1) 내가 동생 숙제를 도와주는 대신에 동생은 나한테 아이스크림을 사 주기로 했다.

2) ____________________

3) ____________________

4) ____________________

과제 1 말하기

다음 표를 보고 [보기]와 같이 뮤지컬 '인어 공주'와 연극 '인어 공주'를 비교해서 이야기해 봅시다.

	뮤지컬 '인어 공주'	연극 '인어 공주'
내용	원래 동화와 같다.	원래 동화 내용과 비슷하지만 마지막에 인어 공주가 사랑을 이룬다.
특징	화려한 의상과 무대, 노래, 춤	아름다운 대사
장소	500석 대극장	50석 소극장
가격	5만원~15만원	2만원~4만원

[보기]

가 : 뮤지컬 '인어 공주'와 연극 '인어 공주'가 재미있다고 하던데 어느 것이 더 좋을까요?

나 : 글쎄요, 둘 다 장점이 있지만 저는 .... 이/가 .... **만 못할 것 같아요.**

가 : 왜요?

나 : 여러 가지 이유가 있는데요. 제 생각에는 ....

....

....

비슷하다 似ている　특징 特徴　화려하다 派手だ

과제 2 듣고 쓰기 [CD1:36]

01 이야기를 듣고 질문에 답하십시오.

1) 이 사람은 왜 전화를 했습니까? 쓰십시오.

2) 들은 내용과 같은 것에 ○, 다른 것에 ×표시를 하십시오.

❶ 여자가 공연하는 것은 오페라이다. ( )
❷ 여자는 이 공연에서 주인공 역을 맡았다. ( )
❸ 여자는 공연하는 날 친구를 기다릴 것이다. ( )
❹ 여자는 공연에 관객이 아주 많을 거라고 생각하고 있다. ( )

3) 들은 내용과 같은 것을 고르십시오. ( )

❶ 공연 시간은 오후 6시이다.
❷ 공연 제목은 아가씨와 미녀들이다.
❸ 학생들에게 이 공연을 많이 알렸다.
❹ 여자는 미라가 많은 친구들을 데려 오기를 바란다.

02 여러분은 다음 공연들 중 어느 것을 좋아하는지 [보기]와 같이 써 봅시다.

연극 오페라 뮤지컬 콘서트 인형극 판소리 기타 ....

[보기]

나는 오페라 보는 것을 좋아한다. 오페라는 아름다운 음악과 노래를 들을 수 있고, 의상과 무대도 화려해서 볼 것도 많기 때문이다. 나는 슬픈 사랑 이야기를 좋아하는데 오페라는 슬프고 감동적인 사랑 이야기가 많이 나와서 좋다.

관객 観客 **알리다** 知らせる

会話

ジェームス	りえさん、ミュージカル『春香伝』がとても感動的とのことですが、ご覧になりましたか。
りえ	いいえ、まだ見ていません。そうでなくても、一度見てみたかったんです。
ジェームス	じゃあ、一緒に行きましょうか。見てきた友達が言ってましたが、舞台と衣装がとても美しいそうです。歌と踊りは言うまでもありませんし。
りえ	韓国語で行なう公演を私が理解することができるでしょうか。
ジェームス	日本語で聞くほどにはいかないでしょうが、字幕があるので理解することはできるでしょう。
りえ	じゃあ、私が前売りチケットを買いましょう。私がチケットを買う代わりにジェームスさんが夕食をおごってください。

문법 설명

01 만 못하다

前で示すことが、後ろで示すことよりよくないことを表すときに用いられる。

- 가 : 웨이 씨는 테니스를 잘 치던데 마리아 씨도 테니스를 잘 쳐요?
  나 : 테니스는 마리아 씨가 웨이 씨만 못해요.

A: ウェイさんはテニスが上手ですが、マリアさんもテニスが上手ですか。
B: テニスは、マリアさんはウェイさんほど上手くありません。

- 가 : 새로 산 핸드폰 어때요? / A: 新しく買った携帯電話、どうですか。
  나 : 괜찮은데 디자인이 옛날 핸드폰만 못해요. / B: いいんですけど、デザインが昔の携帯ほどよくありません。
- 가 : 전자 사전을 사려고 하는데 인터넷으로 사도 괜찮을까요? / A: 電子辞書を買おうと思うんですが、インターネットで買っても大丈夫でしょうか。
  나 : 직접 보고 고르는 것만 못하겠지만 괜찮을 거예요. / B: 直接見て選ぶほどではないでしょうが、大丈夫でしょう。
- 가 : 건조기로 빨래를 말리니까 어때요? / A: 乾燥機で洗濯物を乾してみて、どうですか。
  나 : 잘 마르지만 그래도 햇볕에 말리는 것만 못한 것 같아요. / B: よく乾きますが、それでも日光で乾かすほどではないようです。

02 -는 대신에

前で示した行動をせずに、別の行動で代替したり、補うときに用いられる。動詞の語幹に付く。

- 미선 씨가 편지 쓰는 것을 도와주는 대신에 내가 점심을 사기로 했다. / ミソンさんが手紙を書くのを手伝ってくれる代りに、私がお昼をご馳走することにした。
- 우리는 다른 회사보다 일을 많이 하는 대신에 월급도 많이 받는다. / 私たちは他の会社より仕事が多い代りに、月給もたくさんもらう。
- 일을 일찍 시작하는 대신에 일찍 끝낼 수 있다. / 仕事を早く始める代りに、早く終えることができる。
- 나는 대답을 하는 대신에 창문쪽으로 고개를 돌렸다. / 私は答える代りに、窓の方に顔をそむけた。
- 어머니는 우리를 야단치는 대신에 집안 청소를 시키셨다. / お母さんは私たちを叱る代りに、家の掃除をさせた。

02 춘향전을 보자고 해서 예매하려고요

학습 목표 ● 과제 공연 예매하기 ● 문법 -는다고 해서, -고서 ● 어휘 예매 관련 어휘

무슨 이야기를 하는 것 같습니까?
여러분은 한국에서 예매를 해 본 적이 있습니까?

CD1:37~38

미선 리에 씨, 뭐 하세요?

리에 제임스 씨가 국립극장에서 하는 '춘향전'을 보자고 해서 전화로 예매하려고요. 그런데 쉽지 않네요.

미선 인터넷 예매가 더 좋지 않아요? 앉고 싶은 좌석도 정할 수 있거든요.

리에 그게 좋겠군요. 국립극장 인터넷 사이트에서 할 수 있지요?

미선 네, 국립극장 회원이 아니면 먼저 회원 가입을 하고서 예매하고 싶은 공연을 선택하세요.

리에 번거로울 줄 알았는데 생각보다 간단하네요. 알려 줘서 고마워요.

좌석
座席

인터넷 사이트
インターネットサイト

가입하다
加入する

선택하다
選ぶ

알려 주다
知らせる、教える

간단하다
簡単だ

어휘

01 관계가 있는 어휘를 골라 연결하십시오.

1) 예매하다 •	• 약속 시간을 바꾸었어요.
2) 예약하다 •	• 식당에 전화해서 가기로 약속했어요.
3) 확인하다 •	• 돈을 돌려받았어요.
4) 취소하다 •	• 물건을 주문했다가 사지 않기로 했어요.
5) 환불 받다 •	• 미리 기차표를 샀어요.
6) 변경하다 •	• 약속이 잘 되었는지 전화로 알아봤어요.

02 빈칸에 알맞은 어휘를 쓰십시오.

뮤지컬 공연을 보고 싶어서 어제 표를 1) 예매했어요 ~~었어요/았어요/였어~~요. 그런데, 갑자기 일이 생겨서 갈 수 없게 됐어요. 그래서 취소하고 돈을 2) ________ 었어요/았어요/였어요.

친구들과 여행을 가기로 했어요. 비행기 표를 사려고 여행사에 전화를 걸어서 비행기 좌석을 3) ________ 었어요/았어요/였어요. 일정이 바뀌어서 비행기 시간을 4) ________ 었어요/았어요/였어요. 떠나기 전에 다시 한번 여행사에 예약을 5) ________ 었어요/았어요/였어요.

문법 연습

-는다고/ㄴ다고/다고 해서, -냐고 해서, -으라고/라고 해서, -자고 해서

01 다음 그림을 보고 문장을 만드십시오.

❶

미선 : 웨이 씨, 어제 뭐 했어요?

웨이 : 리에 씨가 수영장에 같이 가자고 해서 다녀 왔어요.

❷

민철 : 리에 씨, 어디 아파요?

리에 : 웨이 씨가 ______________________ 먹었는데 괜히 먹었나 봐요. 배가 아파요.

❸

민철 : 웨이 씨, 어디에 가세요?

웨이 : 리에 씨가 ______________________ 약 사러 가요.

❹

제임스 : 리에 씨, 어제 민철 씨하고 어디에 다녀 왔어요?

리에 : 민철 씨가 ______________________ 같이 공항에 다녀왔어요.

-고서

02 여러분의 생활을 '-고서'를 써서 이야기하십시오.

세수를 하다	• 학교 갈 준비를 해요. •
숙제를 끝내다	• •

1) 세수를 하고서 학교 갈 준비를 해요.

2) ……………………

3) ……………………

4) ……………………

과제 1 말하기

리에 씨가 인터넷 사이트에서 표를 예매하려고 합니다. 인터넷으로 처음 표를 예매하는 리에 씨를 도와 주십시오.

1) 다음 빈칸에 알맞은 어휘를 [보기]에서 찾아 쓰십시오.

[보기]
공연 날짜 · 시간 선택하기　　공연 선택하기　　회원 가입하기　　좌석 정하기

국립극장 홈페이지 들어가기
↓
회원이십니까? → 아니요 → (빈칸) → 로그인하기
↓ 네
로그인하기
↓
공연 선택하기
↓
(빈칸)
↓
인원수 선택하기
↓
(빈칸)
↓
결제하기

2) 위 그림의 순서대로 리에 씨에게 이야기해 봅시다.

먼저 국립극장 홈페이지에 들어가세요. 회원이 아니면 회원 가입을 **하고서**

인원수 人数

과제 2 읽고 말하기

01 다음을 읽고 질문에 답하십시오.

영화제 티켓 예매하기

부산 국제 영화제에 가 보고 싶으십니까? 그럼 표를 예매하셔야지요. 영화제 표 예매는 생각보다 쉽지 않습니다. 인터넷으로 예매를 하려면 서둘러야 합니다. 작년에는 5분도 되지 않아서 매진된 영화도 있었습니다. 다른 방법은 부산은행 현금 자동 인출기에서 예매하는 것입니다. 가장 편하고 빠르고 정확하지만 부산에 살지 않으면 어렵습니다. 세 번째 방법은 부산 국제 영화제 매표소를 이용하는 것입니다. 매표소는 서울, 부산, 수원, 대구에 있습니다. 네 번째로는 부산은행 폰뱅킹으로 예매하는 방법이 있습니다. 폰뱅킹은 한 번에 3개의 영화까지 예매가 가능하며 한 번에 2장씩 예매할 수 있습니다. 마지막으로 영화를 상영하는 당일에 예매하는 방법이 있습니다. 당일 예매는 그 날 상영하는 영화만 가능하며, 환불이나 교환은 불가능합니다.

1) 영화제 표를 예매하는 방법과 특징을 써 보십시오.

	예매하는 방법	특징
❶		
❷		
❸		
❹		
❺		

2) 다음 중 이 글의 내용과 다른 것을 고르십시오. (   )

❶ 대구에서도 부산 국제 영화제 매표소에서 예매를 할 수 있다.
❷ 폰뱅킹을 이용하여 영화표를 예매할 수 있다.
❸ 영화 당일에 극장에서 표를 살 수 없다.
❹ 인터넷으로 표를 살 수 있다.

3) 여러분은 어떤 방법으로 예매를 하시겠습니까? 그 이유는 무엇입니까?

02 여러분은 보통 어떤 방법으로 예매를 합니까? [보기]와 같이 이야기해 봅시다.

[보기] 저는 인터넷을 이용해서 예매를 합니다. 인터넷을 이용하면 표를 사려고 기다릴 필요가 없어서 좋습니다. 그래서 인터넷으로 마음에 드는 영화를 예매합니다.

매진되다 売り切れる **폰뱅킹** テレホンバンキング **당일** 当日

会話

ミソン　りえさん、何をなさっているんですか。

りえ　ジェームスが国立劇場で行なわれる『春香伝』を見ようというので、電話で前売りチケットを買おうと思って。ところが難しいんです。

ミソン　インターネットでの前売りを買うのがもっとよくありませんか。座りたい座席も決められるんですよ。

りえ　それいいですね。国立劇場のインターネットサイトでできますよね。

ミソン　ええ、国立劇場の会員でなければ、まず会員加入をしてから、前売りを買いたい公演を選んでください。

りえ　めんどうだと思っていたのですが、思ったより簡単ですね。教えてくれてありがとう。

문법 설명

01 −는다고/ㄴ다고/다고 해서, −냐고 해서, −으라고/라고 해서, −자고 해서

ある事実を聞いて、その事実にしたがって後で示した行動をするとき用いられる。ある人の提案を聞いて、その提案にしたがって後ろで示した行動をするときは'−자고 해서'を用いる。質問を聞いて、後ろで示した行動をしたり、答えるときは'−냐고 해서'を用いる。他人の指示を聞いて、後ろで示した行動をするときは'−으라고 해서'を用いる。

- 주말에 비가 온다고 해서 집에 있기로 했다.　週末に雨が降ると言うので、家にいることにした。
- 미선 씨가 비빔밥을 먹자고 해서 우리 모두 비빔밥을 먹었다.　ミソンさんがピビンパプを食べようと言うので、私たちはみんなピビンパプを食べた。

- 아버지가 다음 주에 여행을 가자고 해서 제주도에 가게 되었다. 父が来週旅行に行こうと言うので、チェジュドに行くことになった。
- 영수 씨가 함께 영화를 보지 않겠냐고 해서 함께 영화를 보았다. ヨンスさんが一緒に映画を見ないかと言うので、一緒に映画を見た。
- 선생님이 일찍 오라고 해서 아침 8시에 학교에 왔다. 先生が早く来いと言うので、朝8時に学校に来た。

02 -고서

前で示す行動をしてから、その結果として、後ろで示す行為や状態が発生するとき用いられる。動詞の語幹の後ろに付く。

- 5년 동안 기른 머리를 자르고서 후회를 했다. 5年間伸した髪を切って後悔した。
- 그 친구와 그렇게 헤어지고서 평생 마음이 안 좋았다. 友達とあんなふうに別れて、一生心が休まらなかった。
- 그 소식을 듣고서 기쁨의 눈물이 흘렀다. その知らせをきいて、喜びの涙が流れた。
- 급하게 밥을 먹고서 체한 것 같다. 急いでごはんを食べて、胃にもたれたようだ。

03 마지막 장면이 인상적이었어요

학습 목표 ● 과제 관람 소감 이야기하기 ● 문법 -을 뿐만 아니라, -어야지 ● 어휘 공연 감상 관련 어휘

두 사람은 무슨 공연을 본 것 같습니까?
여러분이 지금까지 본 공연 중에서 가장 좋았던 공연은 무엇입니까?

CD1:39~40

리에　오늘 공연 어땠어요?

제임스　감동적이었어요. 특히 남자 주인공의 목소리가 멋지지 않았어요?

리에　그래요, 목소리도 멋질 뿐만 아니라 연기도 훌륭했어요. 대사도 재미있었고요.

제임스　리에 씨는 어느 장면이 제일 좋았어요?

리에　저는 두 주인공이 다시 만나는 마지막 장면이 제일 인상적이었어요.

제임스　저도요. 저는 이번이 한국에서 본 첫 공연인데 '다음에 좋은 공연이 있으면 또 봐야지'하고 생각했어요.

목소리
声

연기
演技

훌륭하다
すばらしい、見事だ、立派だ

대사
せりふ

마지막
最後、終り

인상적이다
印象的だ

어휘

01 [보기]에서 알맞은 어휘를 골라 빈칸에 쓰십시오.

[보기] 감동적이다　인상적이다　우울하다　환상적이다　심각하다　신나다

로미오와 줄리엣의 사랑 이야기를 연극으로 봤어요. 두 남녀의 사랑 이야기가 제 마음에 깊고 강한 느낌을 주었어요.	지난주에 친구와 같이 본 영화는 내용이 아주 무겁고 깊이가 있었어요.	어제 들은 가수의 노래는 아주 밝고 즐거운 느낌이 들었어요. 그래서 기분이 매우 좋아졌어요.
감동적이다		
지난번에 본 만화 영화는 현실에서는 이루어질 수 없는 어린이들의 꿈을 이루어 주는 내용이었어요.	그 뮤지컬의 마지막 장면을 봤을 때의 느낌은 오랫동안 지워지지 않고 뚜렷이 제 기억에 남았어요.	그 연극의 주제처럼 음악도 마음이 답답하고 어두운 느낌이 들었어요.

02 최근에 본 영화의 제목은 무엇입니까? 그 영화는 어땠습니까?
그 영화에서 가장 인상적인 장면은 무엇이었습니까?

YONSEI KOREAN 3

문법 연습

01 −을/ㄹ 뿐만 아니라

다음 표를 채우고 [보기]와 같이 친구와 이야기하십시오.

학생 식당	싸다	맛있다	음식 값이 쌀 뿐만 아니라 맛있어요.
동대문 시장			
지금 사는 집			
우리 부모님			

[보기]
가 : 학생 식당 어때요?
나 : 음식 값이 쌀 뿐만 아니라 맛도 있어요.

02 −어야지/아야지/여야지

다음 이야기를 읽고 이 사람이 결심할 수 있는 내용을 쓰십시오.

어제 늦게까지 친구들과 술을 마셔서 오늘 아침에 늦게 일어났다. 학교에 도착하니까 9시 35분이었다. 선생님은 요즘 날마다 지각한다고 야단을 치셨다. 요즘 친구들과 매일 술을 마셔서 숙제도 제대로 못 하고, 지각하는 일이 많았다. 선생님께 죄송했다. 4교시에는 그동안 배운 단어로 단어 게임을 했다. 아는 단어보다 모르는 단어가 더 많았다. 날마다 학교에 오기는 왔는데 언제 배운 단어인지 통 기억이 안 났다. 나 때문에 우리 팀이 졌다. 친구들한테 미안했다.

1) 내일부터는 일찍 일어나야지.
2)
3)
4)

과제 1 말하기

다음 표의 빈칸을 채우고 [보기]와 같이 이야기해 봅시다.

	[보기]	나
인상적인 공연의 제목은 무엇입니까?	발레 '심청'	
그 공연의 좋은 점은 무엇입니까? (두 가지 이상)	• 아름다운 음악과 춤 • 환상적인 무대	• •
마음에 들지 않았던 점은 무엇입니까?	'심청' 이야기를 모르면 이해하기 어려울 수 있다.	

[보기]

가 : 요즘 재미있는 공연 있어?

나 : 난 얼마 전에 발레 '심청'을 봤는데 그 공연도 괜찮았어.

가 : 한국의 옛날 이야기 '효녀 심청' 말이야?

나 : 응, '효녀 심청'을 발레로 만든 거야. 정말 인상적인 공연이었어. 음악과 춤이 정말 **아름다울 뿐만 아니라** 무대도 환상적이었거든.

가 : 그래? 나도 보러 **가야지.**

나 : '효녀 심청' 이야기를 모르면 무슨 내용인지 모를 수 있으니까 먼저 이야기를 읽어 봐.

가 : 그래? 그래야겠다. 고마워.

과제 2 듣고 쓰기 [CD1:41]

01 대화를 듣고 질문에 답하십시오.

1) 이 사람들이 공연을 보고 느낀 점에 모두 표시하십시오.

- ☐ 신난다
- ☐ 무섭다
- ☐ 감동적이다
- ☐ 훌륭하다
- ☐ 우울하다
- ☐ 시끄럽다

2) 들은 내용과 같으면 ○, 다르면 ×표시를 하십시오.

❶ 두 사람은 오늘 처음 만난 사이이다. ( )
❷ 두 사람은 공연을 즐겼다. ( )
❸ 공연의 마지막 장면이 슬펐다. ( )
❹ 여자는 공연을 보면서 노래를 따라 불렀다. ( )

3) 들은 내용과 같은 것을 고르십시오. ( )

❶ 이 공연에서는 특히 의상이 훌륭했다.
❷ 두 사람은 공연 내용을 이해하기 어려웠다.
❸ 이 사람들은 지금 맥주를 마시러 갈 것이다.
❹ 남자는 요즘 시험 공부로 스트레스가 많았다.

02 지금까지 보았던 공연 중의 하나를 골라 [보기]와 같이 감상문을 써 봅시다.

[보기]

뮤지컬 맘마미아를 보고

나는 오늘 뮤지컬 맘마미아를 보았다. 이 공연은 평범한 사람들의 사랑 이야기이다. 나는 무엇보다도 이야기의 내용에 맞게 나오는 '아바'의 노래들이 정말 인상적이었다. 그냥 음악으로만 듣던 '아바'의 노래를 이야기와 함께 들으니 더욱 더 많은 감동을 주었다. 배우들의 노래 실력도 정말 좋았다. 특히 여주인공의 마지막 노래는 영원히 잊을 수 없을 것 같다. 노래, 의상, 이야기, 그리고 배우들의 연기 모두가 아름답게 어울린 훌륭한 작품이었다.

백문이 불여일견 百聞は一見に如かず **평범하다** 平凡だ **영원히** 永遠に

会話

りえ　今日の公演、いかがでしたか。

ジェームス　感動的でした。特に男性の主人公の声が素敵じゃありませんでしたか。

りえ　そうですね。声が素敵なだけでなく、演技もすばらしかったです。せりふも面白かったですし。

ジェームス　りえさんはどの場面が一番よかったですか。

りえ　私は主人公の2人が、再会する最後の場面が一番印象的でした。

ジェームス　私もです。私は今回が韓国で見たはじめての公演なんですが、「この次もいい公演があれば、また見なきゃ」と思いました。

문법 설명

01 -을/ㄹ 뿐만 아니라

前で示す行動や状態に、後ろで示す行動や状態を付け加えるときに用いられる。子音で終わる動詞や形容詞の語幹の後ろには‘-을 뿐만 아니라’が、母音で終わる動詞や形容詞の語幹の後ろには‘-ㄹ 뿐만 아니라’が付く。すでに終わっている状況に、後ろで示した状況が付け加わるときは‘-었을 뿐만 아니라’が付く。

- 리에 씨는 예쁠 뿐만 아니라 성격도 좋아서 친구들한테 인기가 좋다.　りえさんはきれいなだけでなく、性格もよくて友達に人気がある。

- 그 대학교는 입학하기도 어려울 뿐만 아니라 졸업하기도 어렵다.
  その大学は入学が難しいだけでなく、卒業するのも難しい。
- 기자가 되면 연예인들을 직접 만날 수 있을 뿐만 아니라 연예인들과 친해질 수도 있다.
  記者になったら芸能人に直接会えるだけでなく、芸能人と親しくもなれる。
- 미선 씨는 귀걸이를 직접 만들 뿐만 아니라 인터넷으로 팔기까지 한다.
  ミソンさんはイヤリングを直接作るだけでなく、インターネットで販売までする。

02 –어야지/아야지/여야지

話し手が必ずしたいという意志を自分自身に話しかけるようにするときに用いられる。動詞の語幹の後ろに付く。'아, 야, 오' 以外の母音で終わる動詞の語幹の後ろには '–어야지' が、'아, 야, 오' で終わる動詞の語幹の後ろには '–아야지' が、'하다' 動詞の語幹の後ろには '–여야지'が付く。しなければならないと考えるときは '–지 말아야지' を用いる。

- 이번 방학에는 제주도에 꼭 가야지.
  今度の学校の休みにはチェジュドに必ず行かなきゃ。
- 고향에 돌아가면 어머니가 해 주신 음식을 많이 먹어야지.
  故郷に帰ったら、お母さんの作った料理をたくさん食べなきゃ。
- 올해는 담배를 꼭 끊어야지.
  今年はタバコを必ず止めなきゃ。
- 내일 아침부터는 운동을 시작해야지.
  明日の朝から運動を始めなきゃ。
- 앞으로 텔레비전 보는 시간을 줄여야지.
  これからはテレビをあまり見ないようにしなきゃ。

04 정말 볼 만하던데요

학습 목표 ● 과제 공연 추천하기 ● 문법 -을 만하다, -을걸요 ● 어휘 추천 관련 어휘

두 사람은 무엇에 대해 이야기하고 있습니까?
다시 보고 싶은 공연이 있습니까?

CD1:42~43

웨이 재미있는 공연 좀 추천해 주세요. 주말에 친구하고 같이 보려고요.

마리아 한국 전통 음악은 어때요? 사물놀이 공연이 정말 볼 만하던데요.

웨이 전 한 번도 본 적이 없는데 한국 전통 음악이면 조용한 분위기인가요?

마리아 아니에요, 저도 지루할 줄 알았는데 흥겹고 재미있었어요.
스트레스가 확 풀리던데요.

웨이 그래요? 그럼 친구한테 물어보고 결정해야겠어요.

마리아 그 공연은 인기가 많으니까 예매를 서둘러야 할걸요.

사물놀이 サムルノリ
분위기 雰囲気
지루하다 退屈だ
흥겹다 ノリがいい
확 すっと
인기 人気

어휘

01 [보기]에서 알맞은 어휘를 골라 빈칸에 쓰십시오.

[보기] 추천하다 소개하다 안내하다 제안하다 권하다

차를 권하다

사람을 ....

길을 ....

사람을 ....

여행을 가자고 ....

02 알맞은 어휘를 빈칸에 쓰십시오.

1) 이야기 도중에 그는 주제와 관련된 좋은 책들을 추천해 ~~어/아/여~~ 주었다.
2) 친구는 나를 반갑게 맞으면서 녹차를 .... 었다/았다/였다.
3) 그는 자기 친구들에게 나를 애인이라고 .... 었다/았다/였다.
4) 그 사람은 저녁 시간이 되자 나를 숙소로 .... 어/아/여 주었다.
5) 친구가 자기 회사에서 같이 일해 보자고 일자리를 .... 었다/았다/였다.

문법

-을/ㄹ 만하다

01 다른 사람에게 추천하고 싶은 것이 있을 때 어떻게 말합니까? 다음 표를 채우고 대화를 완성하십시오.

1)	방학에 친구와 같이 갈 만한 곳	부산, 제주도
2)	요즘 볼 만한 영화나 드라마	
3)	한가할 때 읽을 만한 책	
4)	심심할 때 들을 만한 음악	

1) 가 : 방학에 친구와 같이 놀러 가기로 했는데, 어디가 가 볼 만해요?
   나 : 부산이나 제주도가 가 볼 만해요.
2) 가 : 요즘 볼 만한 영화나 드라마 있어요?
   나 :
3) 가 : 읽을 만한 책 좀 추천해 주세요.
   나 :
4) 가 : 요즘 무슨 노래가 들을 만해요?
   나:

-을걸요/ㄹ걸요

02 리에 씨가 여러분이 살고 있는 하숙집으로 이사를 오기로 했습니다. 리에 씨의 질문에 대답하십시오.

리에 씨의 질문	대답
부엌에서 요리를 해도 돼요?	글쎄요, 잘 모르겠지만 아주머니께 말씀드리면 할 수 있을걸요.
저녁 식사 시간에 늦어도 저녁 식사를 할 수 있어요?	
친구를 데려와서 파티를 해도 괜찮아요?	
방 창문에 커튼이 없는데 제가 사야 하나요?	
아침에 일찍 일어나고 싶은데 아주머니가 깨워 주실 수 있을까요?	

과제 1 말하기

여러분이 지금까지 본 공연 중에 친구들에게 추천해 주고 싶은 공연이 있습니까? 다음 표를 채우고 [보기]와 같이 친구와 이야기해 보십시오.

	[보기]	내가 추천하는 공연
공연 제목	백조의 호수	
내용	사랑 이야기	
가격	A석 : 3만 원 S석 : 10만 원쯤	
장소	국립극장	
추천 이유	이야기가 감동적일 뿐만 아니라 춤이 아름답고 환상적이다. 꼭 한번 **볼 만하다.**	

가 : **볼 만한** 공연이 있으면 하나 추천해 주세요.

나 : **볼 만한** 공연이요? 지난 주말에 친구와 같이 '백조의 호수' 라는 발레 공연을 봤는데 아주 좋던데요.

가 : '백조의 호수' 요? 어떤 내용인데요?

나 : 사랑 이야기예요.

가 : 그래요? 발레 공연은 비싸지 않아요?

나 : 좀 비싼 편이에요. 저는 3만 원짜리 A석에서 봤는데, S석은 10만 원쯤 **할 걸요.**

가 : 어디에서 하는데요?

나 : 국립극장에서 해요. 이야기가 감동적일 뿐만 아니라 춤도 정말 아름다워요. 꼭 한번 보세요.

과제 2 읽고 말하기

01 다음을 읽고 질문에 답하십시오.

1) 뮤지컬 '지저스 크라이스트 슈퍼스타'

예수의 마지막 일주일 동안의 이야기를 노래한 뮤지컬입니다. 아름답고 감동적인 노래가 특징이지요. 예수를 사랑하는 마리아가 부르는 '내가 그 분을 어떻게 사랑해야 하나요'는 매우 유명한 노래입니다. 보시면 후회하지 않으실 거예요.

2) 웃음을 주는 뮤지컬 '캣츠'

이 작품은 고양이가 사람처럼 춤추고 노래하는 뮤지컬입니다. 음악과 춤 그리고 웃음을 주는 이야기가 아주 좋습니다. 아름다운 달빛 아래에서 고양이가 부르는 노래 '메모리'는 어른들이 따라 부를 정도로 유명하답니다. 아이와 함께 가셔도 좋습니다.

3) 식욕을 찾아 준 만화 영화 '라따뚜이'

'라따뚜이'는 파리에서 최고의 요리사를 꿈꾸는 작은 쥐가 성공하는 이야기입니다. 자신감을 찾고 싶으신 분은 꼭 보셔야 할 영화입니다. 이 영화를 보고 나면 아주 간단한 음식도 정성이 들어가면 훌륭한 요리가 된다는 생각을 하시게 될 겁니다. 안 보시면 후회하실 거예요.

4) 나도 모르게 춤을 추게 되는 '사물놀이' 공연

저는 지난 주말에 사물놀이 공연을 보고 왔습니다. 정말 신나는 공연이었습니다. 악기 소리에 맞춰 어깨를 흔드는 동안 공연 시간이 정말 빨리 지나갔습니다. 이 공연은 아마 잊지 못할 것입니다. 여러분도 한번 가 보세요.

1) 위의 공연은 어떤 공연입니까? 다음 빈칸을 채우십시오.

작품명	특징
❶	
❷	
❸	
❹	

2) 위의 공연 중에서 여러분은 어떤 공연을 보시겠습니까? 그 이유는 무엇입니까?

3) 위의 공연 중에서 연인들에게 어떤 공연을 추천하시겠습니까? 그 이유는 무엇입니까?

02 여러분이 감동적으로 본 공연을 [보기]와 같이 친구들에게 추천해 봅시다.

[보기]

제가 추천하고 싶은 공연은 사랑 이야기인 '백조의 호수'라는 발레 공연이에요. 저는 3만 원짜리 A석에서 봤는데 S석은 10만 원쯤 할 거예요. 매년 국립극장에서 하니까 올해도 국립극장에서 볼 수 있을 거예요. 이야기가 감동적일 뿐만 아니라 춤이 아름답고 환상적이에요. 정말 볼 만한 공연이에요. 아직 안 보셨다면 꼭 한번 보세요.

후회하다 後悔する **정성** まごころ、誠意 **흔들다** 揺らす、振る

会話

ウェイ　面白い公演をちょっと推薦してくれませんか。
週末に友達と一緒に見ようかと思って。

マリア　韓国の伝統音楽はどうですか。
サムルノリの公演が本当に見ごたえがありましたよ。

ウェイ　私、一度も見たことがないのですが、韓国の伝統音楽というと、静かな雰囲気なのですか。

マリア　いいえ、私も退屈だろうと思っていたのですが、本当にノリがよくて楽しかったです。ストレスがすっと解消しましたよ。

ウェイ　そうなんですか。じゃあ、友達に聞いて、決めなければなりませんね。

マリア　その公演は人気が高いので、前売りチケットを買うのを急がなければならないでしょう。

문법 설명

01 -을/ㄹ 만하다

ある行為をしても問題がなかったり、それだけの価値があるというときに用いられる。動詞の語幹の後ろに付く。

• 가 : 새로 개봉한 영화가 재미있다면서요? 나 : 네, 정말 볼 만해요.	A: 新しく封切りされた映画が、面白いんですって? B: ええ、本当に見るだけのことはあります。
• 가 : 제주도는 어때요? 나 : 정말 아름다워요. 한 번 가 볼 만해요.	A: チェジュドはどうですか。 B: 本当に美しいです。一度行く価値はあります。

- 가 : 이 일을 누구에게 맡기면 좋을까요?
  나 : 미선 씨가 믿을 만하니까, 미선 씨에게 맡기면 어때요?

  A: この仕事を誰にまかせたらいいでしょうか。
  B: ミソンさんが信じるに値する人ですから、ミソンさんにまかせたらどうですか。

- 가 : 그 책 재미있어요?
  나 : 네, 읽을 만해요.

  A: その本、面白いですか。
  B: ええ、読む価値があります。

02 −을걸요/ㄹ걸요

まだ起っていないことや、よくわからない事実について推測するときに用いられる。子音で終わる動詞や形容詞の語幹の後ろには'−을걸요'が、母音で終わる動詞や形容詞の語幹の後ろには'−ㄹ걸요'が付く。すでに終わっていることを推測するときは'−었을걸요'が付く。親しい人や、目下の者には'−을걸'を用いる。

- 가 : 미선 씨가 오늘 모임에 올까요?
  나 : 아까 많이 아프다고 했으니까 아마 못 올걸요.

  A: ミソンさんが今日集まりに来るでしょうか。
  B: さっきだいぶ体の具合いが悪いと言ってましたから、来られないでしょう。

- 가 : 주말에 극장에 가려고 하는데 사람이 많을까요?
  나 : 주말에는 사람이 많을걸요.

  A: 週末、映画館に行こうと思いますが、人が多いでしょうか。
  B: 週末は人が多いでしょう。

- 가 : 리에 씨, 마리아 씨가 지금 어디에 있는지 알아요?
  나 : 수업이 끝났으니까 집에 갔을걸요.

  A: りえさん、マリアさんが今どこにいるのか知っていますか。
  B: 授業が終わりましたから、家に帰ったでしょう。

- 가 : 비행기가 도착했을까?
  나 : 지금쯤 도착했을걸요.

  A: 飛行機は到着しただろうか。
  B: 今くらいに、到着したことでしょう。

05 정리해 봅시다

01 여러분이 가장 최근에 본 영화나 공연은 무엇입니까? 다음 표에 해당하는 부분에 표시하고 그 공연이 어땠는지 연결해 보십시오.

종류	그 공연은 어땠습니까?	
□ 연극		• 아름다웠다.
□ 뮤지컬	대사 •	• 재미있었다.
□ 영화	무대 •	• 흥겨웠다.
□ 음악회	연기 •	• 신났다.
□ 인형극	의상 •	• 감동적이었다.
□ 판소리	음악 •	• 환상적이었다.
□ 기타		• 우울했다.
		• 심각했다.
		• 지루했다.

02 다음 표현을 사용하여 대화를 완성하십시오.

만 못하다	-는 대신에	-는다고 해서	-고서
-을 뿐만 아니라	-어야지	-을 만하다	-을걸요

미선 : 어제 텔레비전에서 한 그 영화 봤어요?

리에 : 아니요, 보고 싶었는데 못 봤어요. 어땠어요?

미선 : 좋았어요. 그렇지만 뮤지컬 1) .... 은/ㄴ 것 같아요. 작년에 같이 본 그 뮤지컬은 내용도 2) .... 배우들의 노래와 춤도 대단했잖아요.
(좋았다)

리에 : 맞아요. 그 때 그 감동은 아마 평생 못 잊을 것 같아요.

미선 : 다음 달에 그 뮤지컬 공연이 또 있던데 같이 다시 보러 갈래요?

리에 : 좋아요. 3) .... 은/ㄴ 공연이어서 다시 보고 싶었거든요.
(보다)

제가 4) .... 전화할게요.
(예매하다)

미선 : 그럼 리에 씨가 5) .... 제가 저녁을 살게요.
(표를 사다)

03 한국에서 공연을 관람한 일이 있습니까? 있으면, 어떤 공연이었는지 친구들에게 이야기해 봅시다. 없으면, 한국에서 보고 싶은 공연은 어떤 것인지 이야기해 봅시다.

문화

사물놀이 [CD1:44]

사물놀이는 꽹과리, 장구, 북, 징 이 네 가지 한국 전통 악기를 가지고 연주하는 공연을 말합니다. 이는 마당에서 신나게 벌이던 풍물놀이를 현대에 맞게 극장 무대 위로 올려 발전시킨 것입니다. 풍물놀이는 전통적으로 마당과 같은 열린 공간에서 행해지며 놀이의 성격을 강하게 가진 데 비해 사물놀이는 좀 더 예술적인 연주의 성격이 강합니다. 풍물놀이에서는 관객이 함께 춤을 추며 참여하는데 사물놀이에서는 관객이 그 연주를 자신의 자리에 앉아 감상합니다. 사물놀이의 연주자는 보통 네 명을 기본으로 합니다. 이는 아주 빠른 가락을 치기 때문에 한 악기에 연주자가 한 명이 넘을 경우 가락이 맞지 않는 경우가 생길 수 있기 때문입니다.

꽹과리

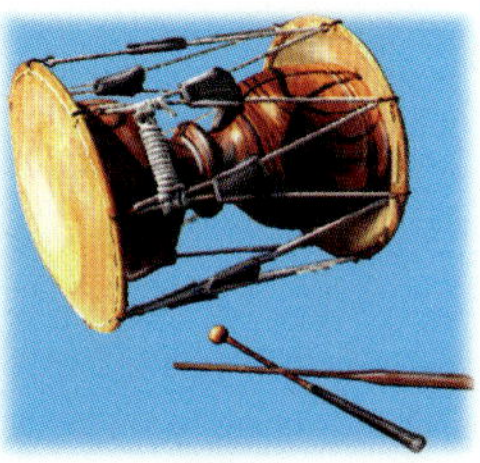
장구

북

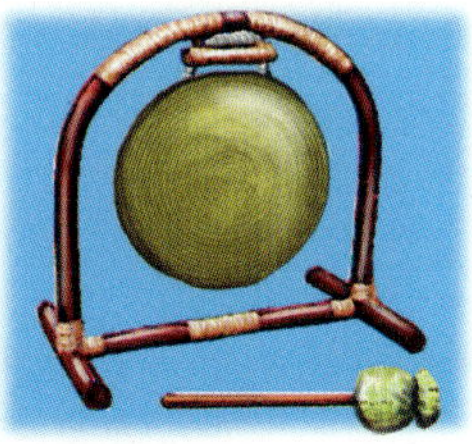
징

사물놀이

풍물놀이

1. 여러분은 사물놀이나 풍물놀이 공연에 가 본 일이 있습니까?

2. 여러분 나라에는 어떤 공연이 있습니까? 조사해서 발표해 봅시다.

전통 악기 伝統楽器 **연주** 演奏

제5과 사람

01 친구가 어제 뉴스에 나오던데요

학습 목표 ● 과제 친구 소개하기 ● 문법 -는 모양이다, -을 뿐이다 ● 어휘 능력 관련 어휘

두 사람은 무엇에 대해 이야기하고 있는 것 같습니까?
여러분 친구 중에 유명한 사람이 있습니까?

CD1:45~46

리에 지난번에 이야기했던 미선 씨 친구가 어제 뉴스에 나오던데요.
미선 네, 프랑스 파리에서 패션쇼를 했는데 평이 좋은 모양이에요.
리에 한국에서도 유명했어요?
미선 실력을 인정받기는 했지만 그렇게 유명하지는 않았어요.
리에 요즘도 자주 만나세요?
미선 친구가 너무 바빠서 겨우 전화만 할 뿐이에요.

패션쇼 ファッションショー
평 評判、評価
실력 実力
인정을 받다 認められる
겨우 やっと、かろうじて、せいぜい

어휘

01 [보기]에서 알맞은 어휘를 골라 빈칸에 쓰십시오.

[보기] 유명하다 성공하다 인기가 좋다 능력이 뛰어나다 인정을 받다	그 패션 디자이너는 전 세계 사람들에게 알려져 있어요. 그의 이름을 모르는 사람은 거의 없을 거예요. 유명하다	그 가수는 노래도 잘하고 춤도 멋지게 춰요. 남녀노소 모두 그를 좋아해서 그 가수의 콘서트는 표를 구하기가 정말 어려워요. ( )
김 과장님은 다른 사람보다 일을 잘 해요. 아무리 어려운 일을 맡아도 쉽게 해요. ( )	제 친구는 대학을 졸업한 후에 대기업에 취직해서 이제는 사장님이 되었어요. 그 친구는 제가 아는 사람들 중 사회에서 가장 높은 자리에 오른 사람이에요. ( )	미술계의 많은 사람들이 그 화가의 작품이 가치가 있다고 칭찬하고 작품을 사려는 사람들도 점점 많아지고 있어요. ( )

02 여러분이 아는 사람 중에 이런 사람이 있습니까?

1) 유명한 사람 :

2) 성공한 사람 :

3) 인기가 좋은 사람 :

문법 연습

-는/은/ㄴ 모양이다

01 다음 글을 읽고 빈칸을 채우십시오.

아침에 일어나서 창문을 열어보니 문 앞의 나뭇잎에서 물방울이 떨어지고 있었다. 내가 자는 동안 1) 비가 온 모양이다. (비가 오다) 방 친구에게 같이 아침을 먹자고 했는데 아침을 먹는 것보다는 계속 자고 싶다고 했다. 어제 늦게까지 공부해서 2)__________. (피곤하다) 혼자 아침을 먹고 나서 집에서 나왔다. 학교에 도착해서 가방을 여니 공책이 없었다. 공책을 가져다 달라고 집에 전화했는데 전화를 받지 않았다. 방 친구는 아직도 3) __________. (자다) 복도에서 지난 학기에 같이 공부한 친구를 봤는데, 그 친구는 나한테 인사도 안 하고 그냥 지나가 버렸다. 4)__________. (나를 못 보다) 오늘은 왠지 외로운 기분이 든다.

-을/ㄹ 뿐이다

02 다음 그림을 보고 대화를 완성하십시오.

❶

가 : 할머니 댁까지 짐을 들어 드렸어?

나 : 아니, 정류장까지만 짐을 들어 드렸을 뿐이야.

❷

매일 산책 30분

가 : 정말 날씬해지셨네요. 무슨 운동 하셨어요?

나 : 그래요? ....

❸

가 : 마리아 씨가 화가 많이 났던데요. 왜 그래요?

나 : ....

❹

가 : 이 일을 혼자 다 했어요?

나 : ....

과제 1 말하기

다음 표의 빈칸을 채우고 [보기]와 같이 이야기해 봅시다.

친구의 이름	예전	요즘	내가 생각하는 이유
영희	언제나 웃는 모습이었다.	잘 웃지도 않고 항상 피곤해한다.	회사 일이 너무 많고 힘든 모양이다.

[보기] 내 친구 영희는 한국에 와서 처음 사귄 한국 친구이다. 작년까지만 해도 영희는 언제나 웃는 모습으로 주위 사람들을 즐겁게 해 주었는데 요즘은 잘 웃지도 않고 너무 피곤한 모습이다. 회사 일이 너무 많고 **힘든 모양이다.**

과제 2 듣고 말하기 [CD1:47]

01 이야기를 잘 듣고 질문에 답하십시오.

1) 김영수에 대해 들은 내용을 쓰십시오.

❶ 고향 : ______ ❷ 전공 : ______ , ______
❸ 직업 : ______

2) 김영수에 대해서 들은 내용과 <u>다른</u> 것은 무엇입니까? (   )

❶ 농담을 잘 한다. ❷ 잘 생겼다.
❸ 열심히 노력한다. ❹ 잘 웃는다.

3) 들은 내용과 같으면 ○, 다르면 ×표시를 하십시오.

❶ 김영수는 성공한 사람이다. (   )
❷ 김영수는 대학을 두 곳 다녔다. (   )
❸ 김영수는 이탈리아에서 인정을 받았다. (   )
❹ 이 사람은 김영수를 대학원에서 만났다. (   )

모습 姿

02 다음 빈칸을 채우고 여러분의 친구를 소개해 봅시다.

[내 친구]

- 이름 : ....
- 나이 : ....
- 고향 : ....
- 취미 : ....
- 직업 : ....
- 성격, 특징 : ....
- 기타 : ....

억양 イントネーション **사투리** なまり、方言 **원래** もともと **끊임없다** 絶え間ない

会話

りえ　このあいだ、話をしていたミソンさんの友達が、昨日ニュースに出ていましたよ。

ミソン　はい、フランスのパリでファッションショーをしたんですが、評判がいいみたいです。

りえ　韓国でも有名でしたか。

ミソン　実力が認められはしましたが、それほど有名ではありませんでした。

りえ　最近もよくお会いになりますか。

ミソン　友達がとても忙しくて、せいぜい電話するだけです。

문법 설명

01 –는/은/ㄴ 모양이다

ある状況を見て、人の行動や状態を推測し語るとき用いられる。動詞や形容詞の語幹の後ろに付く。現在の行動や状態を推測するとき、動詞の語幹の後ろには‘–는 모양이다’が、子音で終わる形容詞の語幹の後ろには‘–은 모양이다’が、母音で終わる形容詞の語幹の後ろには‘–ㄴ 모양이다’が付く。まだ起こっていないことを推測して語るとき、子音で終わる動詞の語幹の後ろには‘–을 모양이다’が、母音で終わる動詞の語幹の後ろには‘ –ㄹ 모양이다’が付く。

- 뛰어가는 걸 보니까 지금 바쁜 모양이다. 　走っていくところを見ると、今忙しいようだ。
- 선생님 복장을 보니 산에 가시는 모양입니다. 　先生の服装を見るところ、山に行かれるようです。

- 오늘은 미선 씨가 약속이 있는 모양이에요. 今日はミソンさんは約束があるようです。
- 아직 일이 안 끝난 모양이에요. 사무실에 불이 켜져 있어요. まだ仕事が終わっていないようです。事務室の電気が付いています。
- 하늘을 보니 곧 비가 올 모양이다. 空を見るところ、いまにも雨が降りそうな様子だ。

02 –을/ㄹ 뿐이다

他の行動はせずにその行動だけをしたり、または大きなことではなく、小さなことをしたという意味を表す。動詞や形容詞の語幹の後ろに付く。子音で終わる動詞や形容詞の語幹の後ろには'–을 뿐이다'が、母音で終わる動詞や形容詞の語幹の後ろには'–ㄹ 뿐이다'が付く。すでに行なった行動について語るときは'–었을 뿐이다'を用いる。

- 지금은 아무 것도 하고 싶지 않아요. 자고 싶을 뿐이에요. 今は何もしたくありません。寝たいだけです。
- 저는 그 사람 잘 몰라요. 지난번에 한 번 봤을 뿐이에요. 私はその人をよく知りません。前に一度会っただけです。
- 커튼만 바꿨을 뿐인데 집안 분위기가 달라졌어요. カーテンだけ変えただけなのに、家の中の雰囲気が変りました。

- 가 : 대청소 했어요?
  나 : 아니요. 정리만 했을 뿐이에요.
  A: 大掃除したんですか。
  B: いいえ、整理しただけです。
- 가 : 도와 주셔서 감사합니다.
  나 : 뭘요. 제가 할 일을 했을 뿐인데요.
  A: 手伝ってくれてありがとう。
  B: いいえ、自分の仕事をしただけですよ。

02 좋은 하숙집 아주머니를 만나셨네요

학습 목표 ● 과제 한국인의 특성 이야기하기 ● 문법 -는다면서요?/-만하다 ● 어휘 성격 관련 어휘

아주머니가 무엇을 하고 있습니까?
여러분도 가족처럼 친하게 지내는 사람이 있습니까?

CD1:48~49

미선 마리아 씨, 하숙을 옮겼다면서요? 방은 마음에 들어요?

마리아 네, 마음에 들어요. 크기가 이 교실 반만한데 혼자 쓰기에는 충분해요.

미선 하숙집 분위기는 어때요?

마리아 아주머니가 무척 친절하세요. 지난번에 제가 배탈이 났었는데 엄마처럼 죽도 끓여 주셨어요.

미선 그래요? 좋은 하숙집 아주머니를 만나셨네요.

마리아 네, 잘 챙겨 주셔서 마치 고향에 계신 어머니 같아요.

충분하다
十分だ

무척
すごく

죽
おかゆ

챙기다
気を使う、めんどうを見る

마치
まるで

어휘

01 [보기]에서 알맞은 말을 골라 빈칸에 쓰십시오.

[보기] 성격이 급하다 　정이 많다 　냉정하다 　게으르다
고집이 세다 　말이 많다 　무뚝뚝하다 　꼼꼼하다

다른 사람에 대해 관심이 많아요. 다른 사람에게 문제가 생기면 잘 도와줘요.	다른 사람에게 말을 별로 하지 않아요. 말을 해도 친절하지 않아서 화가 난 사람 같아요.	무슨 일이든지 아주 빨리 하려고 해요. 다른 사람을 기다려 주지 않아요.
정이 많다		
일을 제시간에 끝낸 적이 별로 없어요. 항상 "다음에 다음에" 하면서 일을 미뤄요.	다른 사람의 의견을 별로 듣지 않고 자기 생각대로만 하려고 해요.	이야기를 너무 많이 해서 언제나 시끄러워요. 자기와 관계없는 일에도 관심이 많아요.

02 빈칸에 알맞은 어휘를 쓰십시오.

1) 그분은 무뚝뚝해 ~~어/아/여~~ 보이지만 마음만은 따뜻한 사람이다.
2) 그 사람은 성격이 아주 ______ 어서/아서/여서 실수가 거의 없다.
3) 내 친구는 ______ 은/ㄴ 편이어서 자기 생각을 잘 바꾸지 않는다.
4) 내 동생은 ______ 어서/아서/여서 행동이 느린 나를 아주 답답해한다.
5) 우리 어머니는 ______ 으셔서/셔서 불쌍한 사람을 보면 꼭 도와주신다.

문법 연습

– 는다면서요?/ㄴ다면서요?/다면서요?/이라면서요?

01 옆 친구의 고향에 대해 알고 있는 것을 다음 표에 써보고 '-는다면서요?'를 이용해서 맞는지 친구에게 질문하십시오.

확인할 내용	내가 알고 있는 것	질문
유명한 음식	일본의 초밥	일본 사람들은 모두 다 초밥을 좋아한다면서요?
유명한 사람		
유명한 장소		
기타		

-만하다

02 다음 그림을 보고 문장을 완성하십시오.

❶

제 가방은 저 가방만해요.

❷

제 친구 방은 ....

....

❸

제 동생은 얼굴이 작아서 ....

....

❹

이 회사는 다 좋은데 월급이 ....

....

과제 1 말하기

다음은 한국 사람에 대해 외국인들이 들은 이야기입니다. 여러분이 들은 것도 써 보고 선생님과 옆 친구에게 질문해서 확인해 봅시다.

- 한국 사람들은 마음이 따뜻해요.
- 한국 사람들은 축구를 좋아해요.
- 한국 사람들은 모두 김치를 담글 수 있어요.
- 한국 사람들은 ……………………
- 한국 사람들은 ……………………

질문	O	×
한국 사람들은 마음이 **따뜻하다면서요?**	✓	

(김치를) 담그다 キムチを漬ける

과제 2 읽고 쓰기

01 다음을 읽고 질문에 답하십시오.

Communication Service @YONSEI

공지사항 Q&A 도움말 로그아웃

메일쓰기

보내기 | 임시저장 | 다시쓰기 | 미리보기 | 음성메일 | 주소록

보내는 사람	마리아
받는 사람 [참조추가]	자주 사용하는 메일주소 / 최근 보낸 메일주소
제 목	
편집모드	HTML TEXT 개별발송 메시지 인코딩 한국어(EUC-KR)

마리나 안녕?

그동안 잘 있었니? 내가 한국에 온 지 벌써 반 년이 넘었구나.

너도 한국으로 유학을 온다면서? 한국말은 많이 늘었니? 네가 한국에 오면 자주 만날 수 있겠다.

난 한국에서 잘 지내고 있어. 학교 근처에서 하숙을 하고 있는데, 하숙집에는 주인 아주머니와 한국 대학생들이 살고 있어서 아주 재미있어. 가끔 이해할 수 없는 일도 있지만 한국 사람들과 잘 지내고 있는 편이야.

우리 하숙집에 있는 한국 사람들은 정이 아주 많아. 그래서 그런지 다른 사람에게도 관심이 많아. 다른 사람들이 무엇 때문에 힘든지 알고 싶어하고, 부탁하지도 않았는데 도와주려고 할 때도 있어. 그래서 처음에는 귀찮기도 했어. 나는 혼자서 생각하고 싶은데 계속 괜찮은지 말을 걸 때가 있거든. 내 사생활을 너무 많이 알려고 하는 것 같아서 기분이 나쁠 때도 있었어.

지금은 '한국 사람들이 정이 많아서 나에게 관심이 많구나' 하고 생각하니까 고마울 때가 많아. 너도 한국에 오면 한국 사람들을 좋아하게 될 거야. 빨리 한국으로 와.

마리아 씀.

1) 마리아가 편지를 쓴 목적은 무엇입니까? (　　　)

❶ 한국 생활의 즐거움을 얘기하고 싶어서

❷ 친구에게 한국 학교에 대한 정보를 주려고

❸ 친구에게 빨리 유학을 오라고 말하고 싶어서

❹ 한국 사람과 친구가 되는 방법을 알려 주려고

2) 요즘 마리아는 한국 사람이 어떻다고 생각합니까? **맞지 않는** 것을 고르십시오. (　　)

❶ 다른 사람을 귀찮게 한다.
❷ 다른 사람을 잘 도와준다.
❸ 다른 사람에게 정을 많이 준다.
❹ 다른 사람의 생활에 관심이 있다.

02 여러분이 마리아라면 친구에게 어떻게 편지를 쓰겠습니까? 아래에 써 봅시다.

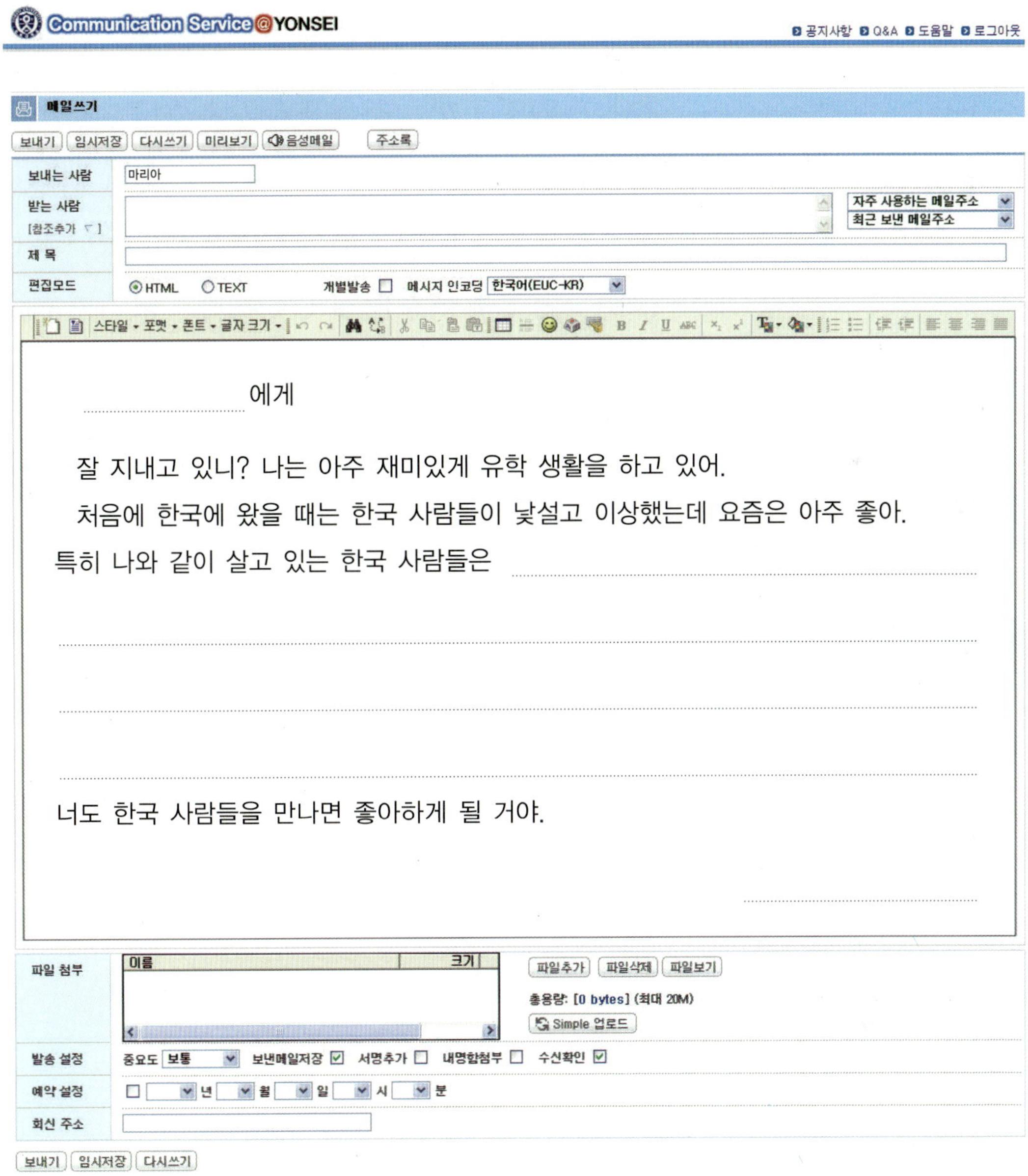

사생활 私生活　**낯설다** 面識がない

会話

ミソン　マリアさん、下宿を移ったんですって? 部屋は気に入りましたか。

マリア　はい、気に入っています。大きさが教室の半分ぐらいなのですが、ひとりで使うには十分です。

ミソン　下宿の雰囲気はどうですか。

マリア　おばさんがとても親切です。この間、私はお腹をこわしたのですが、お母さんのように、おかゆも作ってくれました。

ミソン　そうですか。いい下宿のおばさんに会いましたね。

マリア　はい、とても気を使ってくれて、まるで故郷にいるお母さんのようです。

문법 설명

01 －는다면서요?/ㄴ다면서요?/다면서요?/이라면서요?

他の場所で聞いた事実について、相手に確認するように、たずねるとき用いられる。動詞や形容詞の語幹の後ろに付く。子音で終わる動詞の語幹の後ろには‘－는다면서요’が、母音で終わる動詞の語幹の後ろには‘－ㄴ다면서요’が付く。形容詞の語幹の後ろには‘－다면서요’が、名詞の後ろには‘이라면서요’が付く。すでに終わったことについては‘－었다면서요’を用いる。親しい人や目下の者に対しては‘－는다면서’を用いる。

- 가 : 오늘이 생일이라면서요? A: 今日は誕生日だそうですね。
  나 : 네, 맞아요. 어떻게 아셨어요? B: ええ、そうです。どうしてわかったんですか。
- 가 : 미선 씨한테서 들었는데, 요즘 바쁘다면서요? A: ミソンさんから聞いたんですが、近頃忙しいそうですね。
  나 : 네, 할 일이 너무 많아서 밥 먹을 시간도 없어요. B: はい、仕事が多くて、食事する時間もありません。
- 가 : 영화를 좋아하신다면서요? A: 映画がお好きだそうですね。
  나 : 네, 주말마다 영화를 봐요. B: ええ、週末ごとに映画を見ます。
- 가 : 어제 음악회에 갔다면서요? A: 昨日、音楽会に行ってきたんですって?
  나 : 네, 정말 좋았어요. B: ええ、本当によかったです。
- 가 : 니콜라 씨가 다음 달에 고향에 돌아갈 거라면서요? A: ニコラさんが故郷に帰るんだそうですね。
  나 : 아니요. 계획을 바꿔서 더 있기로 했대요. B: いいえ。計画を変更して、もっといることにしたそうです。

02 –만하다

人や事物の大きさを比べるときに用いられる。名詞の後ろに付く。

- 그녀는 얼굴이 주먹만하다. 彼女は顔が握りこぶしぐらいの大きさだ。
- 우리 형 키는 나만해요. うちの兄の背はわたしぐらいです。
- 우리 집에 있는 책상도 이 책상만해요. うちにある机もこの机ぐらいです。
- 제 친구 목소리는 너무 작아서 모기소리만해요. 私の友達の声はとても小さくて、蚊の鳴き声のようです。
- 월급이 너무 작아요. 쥐꼬리만해요. 月給が少なすぎます。ネズミの尻尾(スズメの涙)ほどです。

03 큰 돈을 기부하기란 쉬운 일이 아닌데

학습 목표 ● 과제 미담 소개하기 ● 문법 -기란, -었던 것 같다 ● 어휘 경제 생활 관련 어휘

여자는 무엇을 하는 것 같습니까?
여러분은 다른 사람을 도와준 적이 있습니까?

CD1:50~51

제임스 너 그 소식 들었니?

마리아 무슨 이야기? 혹시 학교 앞에서 떡볶이 파시던 그 아주머니 이야기 말이야?

제임스 응, 너도 들었구나. 20년 동안 번 돈을 학교에 기부했다는 이야기를 듣고 깜짝 놀랐어.

마리아 나도. 그렇게 큰 돈을 기부하기란 쉬운 일이 아닌데.

제임스 맞아. 떡볶이를 팔아서 그 돈을 모았다는 것도 놀라웠어.

마리아 아주머니는 자신처럼 돈이 없어 공부를 못한 사람을 돕고 싶었던 것 같아. 정말 대단하지?

혹시
もしかして

말이다
~のことだ、~の話だ

돈을 벌다
お金を稼ぐ

기부하다
寄付する

놀랍다
驚くべき事だ

자신
自分、自身

대단하다
すごい

어휘

01 [보기]에서 알맞은 어휘를 골라 빈칸에 쓰십시오.

[보기]	돈을 벌다	저축하다	절약하다
	기부하다	낭비하다	투자하다

일을 해서 돈을 얻거나 모아요.	번 돈을 쓰지 않고 은행에 모아 두어요.	좋은 일을 하는 것을 돕거나 다른 사람들을 돕기 위해 돈을 내요.
돈을 벌다		
시간이나 돈 등을 쓸데없는 곳에 마구 써요.	돈이나 물건 등을 아무 데나 쓰지 않고 꼭 필요한 데만 아껴 써요.	이익을 얻기 위해 어떤 일에 돈, 시간을 쓰거나 노력을 해요.

02 빈칸에 알맞은 어휘를 쓰십시오.

이미나 씨는 열심히 일을 해서 많은 돈을 1) 벌었다 ~~었다/았다/였다~~. 그 돈을 쓰지 않고 거의 모두 은행에 2)__________ 었다/았다/였다. 미나 씨는 적은 돈도 쓸데없이 3) __________ 는 일이 없었다. 그런 미나 씨가 그 동안 모은 돈 1,000만 원을 주식에 4) __________ 어서/아서/여서 5,000만 원을 만들었다. 나는 미나 씨가 그 돈으로 무엇을 할지 궁금했었다. 미나 씨는 얼마 전에 그 돈을 모두 고아원에 5)__________ 었다고/았다고/였다고 한다. 나는 미나 씨의 이야기를 듣고 정말 감동했다.

문법 연습

-기란

01 여러분이 하기 어렵다고 생각하는 일을 다음과 같이 쓰십시오.

하기 어렵다고 생각하는 일

- 하루도 빠지지 않고 숙제를 한다.
- 시험에서 모두 100점 받는다
- 일류 대학교에 들어간다
- ……………………………………

- 하루도 빠지지 않고 숙제를 하기란 쉬운 일이 아니에요.
- ……………………………………
- ……………………………………
- ……………………………………

-었던/았던/였던 것 같다

02 다음 그림을 보고 옛날 사람들의 생활이 어땠을지 [보기]와 같이 쓰십시오.

옛날	요즘

1) 옛날에는 수도가 없었던 것 같아요.

2) ....

3) ....

4) ....

과제 1 말하기

다음을 보고 표의 질문에 답해 봅시다.

불이 난 집에서
주인을 구한 개

식사를 할 수 없는 아이들을
위해 매일 도시락을 준비해
주시는 할아버지

주말마다 병원에서
자원봉사를 하시는
아주머니

누가 가장 훌륭하다고 생각합니까?	주인을 구한 개	
왜 그렇게 생각합니까?	다른 사람을 구하기 위해 불이 난 집에 **들어가기란** 사람도 하기 힘든 일이라고 생각한다. 동물은 불을 무서워하기 때문에 더 대단하다고 생각한다.	
왜 이런 일을 한 것 같습니까?	그 개는 정말로 주인을 **사랑했던 것 같다.**	

과제 2 읽고 쓰기

01 다음을 읽고 질문에 답하십시오.

김밥 할머니, 평생 모은 돈 고아원에 기부

우리의 마음을 따뜻하게 해주는 미담이 있다. 미담의 주인공은 김연순 할머니(72세). 김 할머니는 지난 19일 서울에 있는 한 고아원에 2억 원을 기부했다. 2억 원은 김 할머니가 그동안 결혼도 하지 않고 혼자 살면서 김밥 장사를 하여 모은 전 재산이다. 김 할머니는 어렸을 때 일찍 부모님을 잃고 고아원에서 자랐다고 한다. 처음에는 고아원 생활이 어렵기도 했지만, 고아원에서 만난 친구들과 선생님들 덕분에 행복한 마음으로 살았다고 한다. 김 할머니는 많은 고생을 했지만 늘 사회에 감사하는 마음을 잊지 않았고, 틈만 나면 여러 가지 봉사 활동을 해 왔다고 한다. 김 할머니는 사진을 찍고 싶지 않다고 하면서 "해야 할 일을 했을 뿐"이라고 했다.

1) 위에서 읽은 미담에 대해 쓰십시오.

❶ 주인공 : ....

❷ 한 일 : ....

2) 이 글의 내용과 같은 것은 무엇입니까? (　　　)

❶ 할머니는 어렸을 때 고아원에서 산 적이 있다.
❷ 할머니는 주말마다 고아원에서 봉사 활동을 했다.
❸ 할머니는 돈이 생기면 고아원에 기부하고 싶어한다.
❹ 할머니는 고아원에서 자랐지만 고생한 적은 없다고 했다.

3) 이 글의 내용과 같으면 ○, 다르면 ×표시를 하십시오.

❶ 이 기사의 주인공은 김밥 장사를 했다. (　　)
❷ 이 기사의 주인공은 자식들을 위해 평생을 고생했다. (　　)
❸ 이 기사의 주인공은 자신의 행동을 자랑하고 싶어한다. (　　)
❹ 이 기사의 주인공은 기자와의 인터뷰 후에 사진을 찍었다. (　　)

02 미담이란 마음이 따뜻해지는 아름다운 이야기입니다. 지금까지 여러분이 들어 본 미담에 대해서 써 봅시다.

주인공: ....

직업: ....

내용: ....

미담 美談 재산 財産 고아원 孤児院 사회 社会

会話

ジェームス 君、あのニュース聞いた?

マリア 何の話。もしかして学校の前でトッポッキを売っていた、あのおばさんの話のこと?

ジェームス うん、君も聞いたんだね。
20年間稼いだお金を学校に寄付したという話を聞いてびっくりしたよ。

マリア わたしも。そうやって大金を寄付することって、簡単なことじゃないのに。

ジェームス そうだよ。トッポッキを売って、そのお金を貯金したということに、もっと驚いたね。

マリア おばさんは、自分のようにお金がなくて勉強できなかった人を助けたかったようね。本当にすごいわね。

문법 설명

01 -기란

ある行動を話題にして説明したり、強調するときに用いられる。動詞の語幹の後ろに付く。

- 옛날에는 여자가 취직하기란 하늘의 별따기였다. — 昔は女性が就職するなんて、星をつかむような話でした(非常に困難でした)。
- 계획을 하기는 쉬운데 실천에 옮기기란 아주 어렵다. — 計画を立てるのは簡単だが、実践に移すのはとても難しい。

- 날마다 아침 6시에 일어나기란 여간 어려운 일이 아니에요.
  毎日朝6時に起きるのは、並大抵のことじゃありません。
- 인터넷에서 자신에게 필요한 정보를 찾아내기란 그리 쉬운 일이 아니었다.
  インターネットで自分に必要な情報を探し出すことは、それほど簡単なことではなかった。

02 –었던/았던/였던 것 같다

うまく思い出せなかったり、ある事実を見て起きたことを推測して語るときに用いられる。動詞や形容詞の語幹の後ろに付く。'아, 야, 오' 以外の母音で終わる動詞や、形容詞の語幹の後ろには '–었던 것 같다' が、'아, 야, 오' で終わる動詞や形容詞の語幹の後ろには '–았던 것 같다' が、'하다' 動詞の語幹の後ろには '–였던 것 같다' が付く。

- 이 기사 언제 한 번 읽었던 것 같다.
  この記事、いつか一度読んだことがあるようだ。
- 내 기억으로는 이 근처에 학교가 있었던 것 같다.
  ぼくの記憶では、この近所に学校があったと思う。
- 학생 때가 좋았던 것 같다. 사회에 나오니 너무 힘들다.
  学生時代がよかったと思う。社会に出るてみると、とてもつらい。
- 집에 누가 왔던 것 같다. 냉장고에 있던 음식이 없어졌다.
  家に誰か来たようだ。冷蔵庫にあった食物がなくなっている。

04 선생님 같은 사람이 되고 싶어요

학습 목표 ● 과제 인물 인터뷰하기 ● 어휘 -었을 텐데, -거든 ● 어휘 직종 관련 어휘

미선 씨가 기억하는 선생님은 어떤 분일까요?
여러분이 존경하는 사람은 어떤 사람입니까?

CD1:52~53

미선 제 고등학교 때 사진 좀 보세요. 이분이 우리 선생님인데 멋있으시죠?

리에 선생님을 많이 좋아했나 봐요. 어떤 분이셨어요?

미선 마음이 넓으신 분이셨어요. 우리 때문에 많이 힘드셨을 텐데 화를 내시는 모습을 본 적이 없어요.

리에 참 좋으신 분이네요.

미선 저도 다른 사람을 배려해 주는 선생님 같은 사람이 되고 싶어요.

리에 다음 주에 동창회가 있다고 했지요? 선생님을 뵙거든 존경한다고 말씀드려 보세요. 흐뭇해하실 거예요.

마음이 넓다
心が広い

배려하다
気を使う

존경하다
尊敬する

흐뭇하다
満足する、ほほえましく思う

어휘

01 [보기]에서 알맞은 어휘를 골라 빈칸에 쓰십시오.

[보기] 교육자 연예인 정치인 사업가 언론인	교육자	
	• 학교에서 가르친다. • 전문 지식을 다른 사람에게 잘 설명할 수 있다.	• 신문이나 방송에서 새로운 소식을 전한다. • 말재주, 글재주가 있다.
• 방송에 나와서 다른 사람을 즐겁게 해 준다. • 재주가 많다.	• 국민을 대표해서 일한다. • 지도력이 있다.	• 회사를 경영한다. • 경제를 잘 안다.

02 빈칸에 알맞은 어휘를 쓰십시오.

1) 가수, 배우 (연예인)
2) 기자, 아나운서 (　　　)
3) 사장, 회장 (　　　)
4) 교사, 교수 (　　　)
5) 대통령, 국회의원 (　　　)

문법

-었을/았을/였을 텐데

01 다음 표를 채우고 문장을 만드십시오.

	내가 만난 사람	나의 추측	그 사람에게 하고 싶은 말
1)	11시에 슈퍼에 가려는 친구	그 가게는 문을 닫았을 거예요.	내일 가.
2)	서울에서 처음 운전한 친구	길이 복잡했을 거예요.	운전하기가 힘들지 않았어요?
3)	한국어 능력 시험 6급을 본 친구	시험이 어려웠을 거예요.	
4)	여자 친구에게 '사랑'이라는 영화를 보자고 하려는 친구	그 영화는 끝났을 거예요.	

1) 그 가게는 문을 닫았을 텐데 내일 가.

2)

3)

4)

-거든

02 관계있는 것을 연결하고 문장을 만드십시오.

1) 공항에 도착하다 • ········ • 먼저 전화부터 해 주세요.

2) 내가 없는 사이에 전화가 오다 • • 메모를 남겨 주세요.

3) 김 선생님을 만나다 • • 병원에 꼭 가셔야 해요.

4) 이 약을 먹어도 낫지 않다 • • 이 책 좀 전해주세요.

1) 공항에 도착하거든 먼저 전화부터 해 주세요.

2)

3)

4)

과제 1 말하기

다음 기사는 대기업 사장님의 과거 이야기입니다. 여러분이 기자가 되어서 다음과 같이 질문해 봅시다.

저는 집안이 너무 어려워서 고등학교에 갈 학비가 없었습니다. 중학교 때 선생님께서 야간 고등학교 장학생으로 추천해 주셔서 겨우 입학할 수 있었습니다. 낮에는 아르바이트를 하고, 밤에는 학교를 다니면서 겨우 고등학교를 졸업했습니다. 졸업 후 서울로 왔습니다. 하지만 제가 취직할 수 있는 곳은 없었습니다. 시장에서 청소를 하면서 대학 생활을 했습니다. 대학을 졸업하고 취직한 곳이 지금의 이 회사입니다. 그 때는 아주 작은 회사였지만 지금은 세계적인 회사가 되었습니다.

1) 학비가 없어서 **힘드셨을 텐데** 어떻게 고등학교에 다니셨습니까?

2)

3)

4)

장학생 奨学生 세계적이다 世界的だ

과제 2 듣고 말하기 [CD1:54]

01 대화를 듣고 질문에 답하십시오.

1) 들은 내용과 맞는 것을 고르십시오. (　　　)

❶ 여자는 선생님이 되려고 한다.
❷ 기자가 선생님을 인터뷰하고 있다.
❸ 선생님은 학생들의 문제에 대해 이야기하고 있다.
❹ 학생들은 선생님의 이야기가 재미없다고 생각한다.

2) 다음 표를 채우십시오.

학생의 질문	선생님의 대답
• 선생님의 인기 비결은 무엇입니까?	
•	
•	
•	

02 여러분이 존경하는 사람은 누구입니까? 그 사람을 만나면 무엇에 대해 질문하고 싶습니까? 다음 표에 써 봅시다.

존경하는 인물	질문하고 싶은 내용

지식 知識 인물 人物、人、人材

会話

ミソン 私の高校の時の写真を見てください。こちらが私の先生ですが、素敵でしょう。

りえ 先生をとても慕っていらしたようですね。どんな方でしたか。

ミソン 心の広い方でした。私たちのせいでとても苦労されたはずなのに、怒った姿を見たことがありません。

りえ 実にいい方なんですね。

ミソン 私も、他人に対して気を使ってくれる先生のような人になりたいです。

りえ 来週同窓会があると言ってましたよね。
先生にお目にかかったら、尊敬していますとおっしゃってみてください。お喜びになることでしょう。

문법 설명

01 -었을/았을/였을 텐데

すでにあることが終わって、どういう状態だったのかを推測し、語るときに用いられる。動詞や形容詞の語幹の後ろに付く。'아, 야, 오' 以外の母音で終わる動詞や形容詞の語幹の後ろには '-었을 텐데' が、'아, 야, 오' で終わる動詞や形容詞語幹の後ろには '-았을 텐데' が、'하다' 動詞の語幹の後ろには '-였을 텐데' が付く。

- 하루 종일 걸어서 많이 피곤하셨을 텐데 할머니는 아무 말씀이 없으셨다.
  一日中歩いてとても疲れたはずなのに、お祖母さんは何も言わなかった。
- 용돈이 떨어질 때가 되었을 텐데 아직 연락이 없네요.
  こづかいがなくなるときが来たはずだが、まだ連絡がないですね。
- 여기까지 올 때 시간이 많이 걸렸을 텐데 힘들지 않았어요?
  ここまで来るとき、時間がだいぶかかったはずですが、大変じゃありませんでしたか。

- 이 시간이면 아이들이 모두 집에 도착했을 텐데요. この時間なら、子供たちはみんな家に着いているはずだが。
- 계획대로라면 이미 수업이 끝났을 텐데. 計画通りなら、すでに授業が終わってるはずだが。

現在の状況と相反する状況を仮定して語るときに用いられることもある。

- 같이 있었으면 더 기뻤을 텐데. 一緒にいたら、もっとうれしかったはずなのに。
- 조금 더 기다렸으면 만날 수 있었을 텐데. もうちょっと待っていたら、会えたはずななのに。

02 –거든

後ろで示す行為を行なう条件として、前で行為や状態を提示するときに用いられる。後ろには、主に指示や勧誘、要請、約束、意思などを表す '–으십시오, –읍시다' などが続く。動詞や形容詞の語幹の後ろに付く

- 가 : 오늘은 정말 피곤하네. A: 今日は本当に疲れたよ。
  나 : 피곤하거든 집에 일찍 가서 좀 쉬어. B: 疲れたら家に早く帰って休みなさい。
- 가 : 오늘 영화 본다면서요? A: 今日、映画を見るんだって？
  나 : 응, 시간이 있거든 같이 보자. B: うん、時間があったら一緒に行こう。
- 가 : 오늘 미선 씨를 만나려고 하는데 같이 갈래요? A: 今日ミソンさんに会おうと思ってるんですけど、一緒に行きませんか。
  나 : 오늘은 안 되겠는데요. 미선 씨를 만나거든 안부 전해 주세요. B: 今日はだめなんですが。ミソンさんに会ったら、よろしく伝えてください。
- 가 : 어디 가세요? A: どちらにいらっしゃるんですか。
  나 : 응, 영수 씨가 나를 찾거든 이따가 전화한다고 해 줘. B: うん、ヨンスさんが私を探してるなら、後で電話すると言って。

05 정리해 봅시다

01 다음 단어들을 사용하여 친구 중 한 사람에 대해 이야기해 보십시오.

성격	사회 생활	경제 생활	직업
정이 많다	유명하다	돈을 벌다	교육자
냉정하다	성공하다	저축하다	연예인
무뚝뚝하다	능력이 있다	절약하다	언론인
꼼꼼하다	인기가 좋다	투자하다	학생
게으르다	인정을 받다	돈을 쓰다	회사원
고집이 세다	기타	낭비하다	주부
성격이 급하다		기타	기타 ....
기타			

02 다음 표현을 사용하여 대화를 완성하십시오.

-는 모양이다	-을 뿐이다	-는다면서요?	-만하다
-기란	-었던 것 같다	-었을 텐데	-거든

미선 : 제임스 씨가 이번에 또 1) .... ?
(승진하다)

리에 : 네, 공부와 일을 함께 2) .... 쉽지 않은데 둘 다 잘 하니 정말
(하다)
대단하지요?

미선 : 맞아요. 게다가 외국에서 사니까 어려운 점도 많았을 텐데 제임스 씨는 능력이 3) ....
(뛰어나다)

리에 : 네, 그렇지만 제임스 씨도 처음 한국말 공부를 시작했을 때는 일과 공부 때문에 4) .... 많이 피곤해했었거든요.
(힘들다)

미선 : 그랬군요. 이따가 제임스 씨를 5) .... 축하한다고 전해 주세요.
(만나다)

03 여러분 나라의 유명한 인물에 대해 이야기해 봅시다.
그 사람은 어떤 사람입니까? 왜 유명합니까?

세종대왕(1397. 4. 10~1450. 2. 17) [CD1:55]

세종은 조선시대(1392-1910)의 네 번째 왕입니다. 그는 젊고 능력 있는 학자들을 기용하여 정치, 경제, 문화 면에서 훌륭한 업적을 많이 쌓았습니다. 세종은 1446년 9월에 학자들과 함께 '훈민정음'을 만들었습니다. 훈민정음은 '백성을 가르치는 바른 소리'라는 뜻으로 한글의 옛날 이름입니다. 그때까지는 사람들의 생각과 말을 적을 수 있는 글자가 없었기 때문에 사람들은 자신의 생각을 글로 쓸 때 중국의 한자를 사용해야 했습니다. 세종은 이러한 백성들의 어려움을 덜기 위해서 배우기 쉽고 사용하기 쉬운 글자를 만들었습니다. 바로 이것이 현재의 한글입니다. 세종은 또한 과학 기술 방면에도 관심이 많아 비가 온 양을 재는 측우기나 해시계, 물시계 등 과학 기구도 발명하였습니다. 세종은 여러 방면에서 다양한 능력을 가진 지도자로서, 따뜻한 마음을 가진 한 인간으로서 현대에도 한국 사람들의 존경을 받는 인물로 남아 있습니다.

〈세종대왕 동상〉

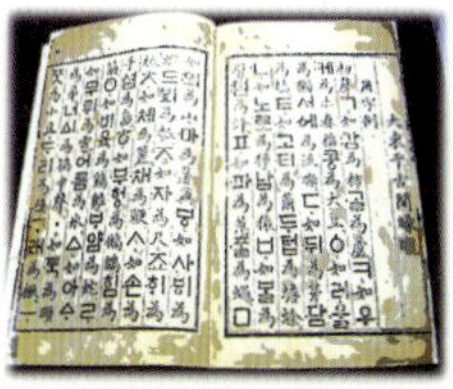
〈훈민정음〉

〈측우기〉

〈해시계〉

〈물시계〉

1. 여러분 나라의 위인을 한 명 소개해 봅시다.

2. 왜 그 사람이 존경스러운지 친구들에게 설명해 봅시다.

업적 業績 **발명** 発明 **지도자** 指導者

듣기 지문

듣기 지문

1과 2항 과제 2 [CD1:05]

웨이	정희 씨, 취미가 뭐예요?
정희	저는 그림을 좋아해요. 그림을 잘 그리지는 못하지만 좋은 그림을 보면 기분이 좋아져요. 한 달에 한두 번은 그림을 꼭 보러 가요.
웨이	이번에 예술의 전당에서 유명 화가들의 전시회가 있다고 하는데 가 보셨어요?
정희	아, 동서양 유명 화가들의 전시회 말이지요? 저는 지난주에 갔다 왔어요.
웨이	어땠어요?
정희	유명한 그림을 볼 수 있어서 아주 좋았어요. 동양과 서양의 그림을 비교해 볼 수도 있었고요.
웨이	어떤 그림을 좋아하는데요?
정희	저는 풍경화가 좋아요. 인물화도 나쁘지는 않지만 자연을 그린 풍경화를 보면 제가 그 자연 속에 있는 것 같아서요.
웨이	이번 전시회에 풍경화만 있었어요?
정희	아니요. 인물화, 풍경화, 정물화 모두 있었어요. 화가들이 자신들의 모습을 그린 초상화도 많던데요.
웨이	저도 한번 가 봐야겠네요.

1과 3항 과제 2 [CD1:08]

여자	요즘 기분이 좋아 보여요. 무슨 좋은 일 있어요?
남자	사실은 얼마 전에 동아리에 들었는데 생각보다 재미있네요.
여자	무슨 동아리인데요?
남자	차를 사랑하는 사람들의 모임인데 줄여서 '차사모'라고 불러요.
여자	무슨 차요? 타고 다니는 차요?
남자	아니요, 마시는 차요.
여자	아, 녹차, 홍차 같은 그런 차요?
남자	네, 맞아요. 회원이 꽤 많아요.
여자	주로 뭘 하는데요?
남자	회원들과 같이 유명한 찻집을 찾아 다녀요.

차를 맛있게 끓이는 방법도 서로 가르쳐 주고요.

여자　그래요? 재미있겠는데요.

남자　수지 씨도 관심 있으면 우리 동아리에 들어올래요?

여자　어떻게 들어가요?

남자　인터넷 홈페이지에 들어가서 신청하세요. 누구나 들어갈 수 있어요.

여자　아, 그럼 바로 신청해야겠네요. 홈페이지 주소가 어떻게 돼요?

2과 2항 과제 2 [CD1:16]

제임스　여보세요, 인터넷에서 광고 보고 전화했습니다.
카펫을 세탁하고 싶은데 어떻게 하면 되나요?

직원　주소를 알려 주시면 저희 직원이 가서 세탁물을 가져오고 세탁이 끝나면 다시 가져다 드립니다.

제임스　며칠이나 걸리는데요?

직원　3-4일이면 됩니다.

제임스　작은 카펫인데 값은요?

직원　작은 카펫은 하나에 15,000원입니다.

제임스　커튼도 세탁이 가능한가요?

직원　가능하고말고요. 커튼도 하나에 15,000원입니다.

제임스　그럼 카펫 하나하고 커튼 하나만 부탁드릴게요.

직원　주소가 어떻게 되십니까?

제임스　신촌 연세 오피스텔 503호예요. 그런데 돈은 어떻게 내나요?

직원　세탁비는 세탁물을 받으실 때 직원에게 주시면 됩니다.

듣기 지문

2과 3항 과제 2 [CD1:19]

가게 주인 어서 오세요.

영수 저, 구인 광고 보고 왔는데요. 혹시 아르바이트 직원 구하셨나요?

가게 주인 아니요, 아직이요. 아르바이트 하려고요?

영수 네.

가게 주인 꽃 배달 해 본 적 있어요?

영수 아니요, 없지만 열심히 하겠습니다.

가게 주인 오토바이 운전 면허증은 있고요?

영수 네, 있어요. 그런데 시간당 얼마쯤 받을 수 있어요?

가게 주인 시간당 7,000원씩 드립니다.

영수 일하는 시간은 어떻게 되죠?

가게 주인 오후 2시부터 7시까지예요.

영수 아, 그래요? 저는 오전에는 수업이 있어서 오후 2시부터 일할 수 있는데 마침 잘 됐네요.

가게 주인 언제부터 일할 수 있어요?

영수 언제든지 괜찮아요.

가게 주인 그럼, 내일부터 나오는 것으로 합시다.

영수 네, 알겠습니다. 감사합니다.

3과 1항 과제 2 [CD1:25]

제임스 씨는 요즘 몸이 안 좋은 것을 느낍니다. 평소에 운동도 많이 하고 규칙적인 생활을 해야 하는데 그렇게 하지 않았기 때문입니다. 한 달 전부터 금연 계획을 세웠지만 아직도 담배를 피우고 있습니다. 또 회사 일로 늘 과로를 하고, 일이 끝난 후엔 동료들과 자주 식사를 합니다. 그런데 그때마다 과식을 하게 되어 배가 더 나오는 것 같습니다. 술이요? 물론 자주 마시지요. 과음하지 않으려고 하지만 퇴근 후 소주 한잔의 유혹을 뿌리칠 수 없습니다. 제임스 씨의 생활은 정말 문제가 많습니다. 여러분 제임스 씨에게 어떤 충고를 해 주고 싶습니까?

3과 3항 과제 2 [CD1:30]

기자 오늘은 김철수 박사님을 모시고 건강에 좋은 식품에 대해 알아보겠습니다. 박사님, 안녕하세요?

김교수 네, 안녕하세요?

기자 요즘 건강에 대한 관심이 많아지고 있는데요. 건강을 위한 식습관은 어떤 것이 있을까요?

김교수 네, 먼저 다섯 가지 흰색 식품을 멀리해야 합니다. 다섯 가지 흰색 식품은 흰쌀, 백설탕, 흰 밀가루, 흰 소금, 화학조미료 등을 말합니다. 이 다섯 가지 식품은 가능하면 적게 먹는 것이 좋습니다. 예를 들면 백설탕보다는 꿀을 먹는 것이 좋습니다.

기자 아, 그렇군요. 또 어떤 것을 주의해야 할까요?

김교수 다음으로, 적게 먹고 많이 씹어야 합니다. 음식물을 잘 씹으면 소화도 잘 되어서 여러 가지 병을 예방할 수 있습니다. 마지막으로 여러 가지 음식을 골고루 먹는 것이 좋습니다. 아무리 좋은 음식이라도 한 가지만 먹는 것은 좋지 않습니다.

기자 네, 박사님, 말씀 감사합니다. 오늘은 김 박사님을 모시고 건강한 생활을 위한 식습관에 대해서 들어 보았는데요. 도움이 되었으면 좋겠습니다.

4과 1항 과제 2 [CD1:36]

미라야, 나 제인인데. 잘 있었어? 이번 주 토요일에 내가 연극 공연을 하는데 오지 않을래? 연극 제목은 '미녀와 야수'이고 내가 주인공이야. 그런데 관객이 너무 적을 것 같아서 걱정이야. 사람들한테 많이 알리지 않았거든. 가능하면 네 친구들도 많이 데리고 와. 알았지? 공연 장소는 우리 학교 학생 회관 3층이고 시간은 오후 5시야. 꼭 와야 해. 기다릴게.

듣기 지문

4과 3항 과제 2 [CD1:41]

남자 와, 오늘 공연 정말 좋았지?

여자 응. 말로만 듣던 그 공연을 직접 내 눈으로 보니까 더욱 더 감동적이었어.

남자 그래. '백문이 불여일견' 이라고 백 번 듣는 것보다 내가 직접 눈으로 보는 게 더 낫던데.

여자 맞아. 배우들의 연기뿐만 아니라 노래, 춤 모두 다 너무 좋았어.

남자 마지막 장면의 노래는 정말 신나지 않았니?

여자 아, 그 장면? 맞아. 나도 모르게 같이 노래를 따라 불렀어.

남자 난 요즘 회사일로 좀 우울했었는데 이 공연을 보고 나니까 그동안 쌓인 스트레스가 풀리는 것 같아.

여자 나도 그래. 우리 2차로 시원한 맥주 한잔하면서 남은 스트레스를 완전히 풀어 볼까?

남자 그래. 좋아. 가자.

5과 1항 과제 2 [CD1:47]

지금부터 제 친구에 대해서 이야기를 할까 합니다. 제 친구의 이름은 김영수입니다. 영수는 부산에서 태어났습니다. 그래서 말을 할 때마다 부산 억양이 느껴지고 사투리도 많이 씁니다. 저는 이 친구를 대학교 동아리에서 만났습니다. 동아리 이름은 '미술사랑'으로 그림에 관심이 있는 친구들이 모여서 만든 동아리였습니다. 영수는 농담도 잘 하고 언제나 웃는 얼굴이었기 때문에 친구들에게 인기가 많았습니다. 영수는 원래 경영학과를 다니고 있었는데 그림에 관심이 많고, 또 실력도 뛰어났습니다. 대학을 졸업한 후에 영수는 이탈리아로 유학을 갔습니다. 그곳에서 영수는 다시 대학에 입학해서 의상 디자인을 공부했습니다. 졸업 후 이탈리아에서 10여 년 간 활동한 영수는 얼마 전 귀국했습니다. 영수는 이탈리아에서 인정받는 디자이너였기 때문에 한국에 와서도 많은 사람들의 환영을 받았습니다. 얼마 전 열린 그의 패션쇼는 정말 대단했습니다. 저는 영수의 성공 뒤에는 그의 끊임없는 노력이 있다는 것을 압니다. 영수는 정말 멋진 친구입니다.

5과 4항 과제 2 [CD1:54]

학생 선생님 안녕하세요? 학교 신문사에서 나왔습니다. 우리 학교 인기 선생님에 대한 기사를 쓰려고 하는데요. 잠깐 인터뷰를 해도 될까요?

선생님 응, 그래.

학생 감사합니다. 첫 번째 질문인데요. 선생님의 인기 비결이 뭐라고 생각하세요?

선생님 글쎄, 재미있고 쉽게 가르치려고 노력하는 게 아닐까?

학생 학생들에게 화를 내신 적이 없다고 들었는데 정말인가요?

선생님 음, 화를 내고 싶을 때도 있지만 화를 내기보다는 학생들을 이해하려고 하지.

학생 선생님께서는 수업 시간에 여러 가지 이야기도 많이 해 주신다고 하던데요.

선생님 나는 고등학교 때는 앞으로 자신이 무슨 일을 할지 생각해야 하니까 공부 뿐만 아니라 다양한 것에 대한 관심이 필요하다고 봐.

학생 어떻게 그렇게 다양한 분야의 지식을 쌓을 수 있으셨어요?

선생님 글쎄, 아마 책을 많이 읽는 것이 도움이 되는 것 같은데.

학생 아, 저도 책을 더 많이 읽어야겠네요. 마지막 질문인데요. 요즘 학생들에 대해서 어떻게 생각하세요?

선생님 요즘 학생들은 인터넷으로 많은 지식을 얻을 수 있으니까 내 이야기를 재미없어할까 봐 걱정이 되기도 해.

학생 아니에요, 선생님. 다들 선생님 수업이 제일 재미있대요.

색인

- 문법 색인
- 어휘 색인

문법색인

어휘 색인